高校社科文库　教育部高等学校社会科学发展研究中心

汇集高校哲学社会科学优秀原创学术成果
搭建高校哲学社会科学学术著作出版平台
探索高校哲学社会科学专著出版的新模式
扩大高校哲学社会科学科研成果的影响力

姜淑兰/著

世界视阈中的中国特色社会主义道路研究

A Study on the Socialist Road with Chinese Characteristics from a Global Perspective

光明日报出版社

图书在版编目（CIP）数据

世界视阈中的中国特色社会主义道路研究 / 姜淑兰著. --北京：光明日报出版社，2011.6（2024.6重印）

（高校社科文库）

ISBN 978－7－5112－1286－3

Ⅰ.①世… Ⅱ.①姜… Ⅲ.①中国特色社会主义—研究 Ⅳ.①D616

中国版本图书馆 CIP 数据核字（2011）第 113125 号

世界视阈中的中国特色社会主义道路研究

SHIJIE SHIYU ZHONG DE ZHONGGUO TESE SHEHUI ZHUYI DAOLU YANJIU

著　　者：姜淑兰	
责任编辑：刘书永　宋　悦	责任校对：丁博杰　李　勇
封面设计：小宝工作室	责任印制：曹　净

出版发行：光明日报出版社

地　　址：北京市西城区永安路 106 号，100050

电　　话：010-63169890（咨询），010-63131930（邮购）

传　　真：010-63131930

网　　址：http：//book.gmw.cn

E－mail：gmrbcbs@gmw.cn

法律顾问：北京市兰台律师事务所龚柳方律师

印　　刷：三河市华东印刷有限公司

装　　订：三河市华东印刷有限公司

本书如有破损、缺页、装订错误，请与本社联系调换，电话：010-63131930

开　　本：165mm×230mm

字　　数：190 千字　　　　　　　印　张：10.50

版　　次：2011 年 6 月第 1 版　　　印　次：2024 年 6 月第 2 次印刷

书　　号：ISBN 978－7－5112－1286－3－01

定　　价：48.00 元

版权所有　　翻印必究

序

近现代世界的历史实际上乃是各民族和国家通往现代化的历史。现代化不是要不要的问题,而是必须接受的历史过程。不推进现代化,就难以立足于世界。这已经被殖民地半殖民地国家的历史所证实。1840年鸦片战争爆发,闭关自守的清王朝的大门在西方资本主义列强坚船利炮的冲击下被无奈地打开,古老的中国被迫卷入现代化的历史洪流中。从林则徐的"开眼看世界"、魏源的"师夷长技以制夷"到洋务派的"中学为体,西学为用",再到维新派的维新变法运动,以及孙中山领导的辛亥革命、提倡"德先生""赛先生"的新文化运动,中国进行了长达60年的现代化的艰难探索和尝试。但是这些探索和尝试都是以效仿西方资本主义现代化发展模式为主,都没有获得成功,即使是辛亥革命,它虽然推翻了清王朝260多年的统治,结束了中国两千多年的封建君主制度,建立了资产阶级共和国,为中国的社会进步打开了闸门,但胜利果实迅即被封建军阀袁世凯窃取,民族独立、国家富强的梦想并没有实现。直到1917年十月革命的胜利,马克思主义在中国的传播,才使中国人民开始找到了实现富国强民的另外一条道路——社会主义道路。中国共产党从1921年成立后,就把马克思主义普遍真理同中国革命实际相结合,几经探索,找到了一条经新民主主义革命到达社会主义的道路即中国特色社会主义革命道路。经过28年艰苦卓绝的奋斗,最终实现了国家独立,建立了中华人民共和国。新中国的成立以及社会主义制度的建立,为实现富国强民的现代化目标奠定了根本的政治前提和制度基础。

从1956年开始,中国进入全面建设社会主义现代化的历史新时期,但是由于缺乏社会主义建设的经验,中国在社会主义建设初期基本上照搬了苏联模式。虽然以毛泽东为核心的第一代领导集体也提出了"以苏为鉴",走自己的社会主义建设道路,但是由于种种原因,直到毛泽东晚年,中国并没有从本根上摆脱苏联模式的影响和束缚。实践证明,无论是搞"革命"还是搞"建设",效仿他人从来不会获得成功。直到1978年党的十一届三中全会以后,中国才开始真正意义上的走自己的路,建设中国特色的社会主义现代化国家,并且经过30多年的发展,取得了举世瞩目的辉煌成就。30年来,中国经济一直保持持续快速增长,从1978年到2005年,中国经济以年均高于9%的速度高速增长,比其他发展最快的经济主体平均高出二到三个百分点。即使是近几年,受国际金融危机的影响,整个世界经济处于低迷的情况下,中国经济仍基本保持着7%~8%左右的年均增长率,明显高于世界各类国家的年均增长率。中国经济的持续高速发展,改变了世界近五分之一人口的历史命运,使近3亿人口摆脱了贫困,近14亿人口的生活基本达到小康。而中国的这种发展成就是在传统社会主义发展模式遭遇挫折后,实行改革开放取得的,中国特色社会主义道路的发展不仅改写了中国的历史,也深刻改变着国际政治格局,有力地促进了世界政治格局从单极走向多极的发展,某种程度上影响了世界历史的进程。

正因为如此,作为"一枝独秀"的中国经济发展不仅成为国内学者研究的热点问题,而且也越来越引起国外学者的广泛关注和热烈讨论。一些关于描绘中国发展的词汇也大量涌现出来,如"北京共识"、"中国奇迹"、"中国经验"、"中国现象"、"中国模式"、"中国道路"等等。尽管这些概念各异,内涵也不尽相同,但核心是指中国特色社会主义道路。近年来,国内外学者"热议"的关于中国特色社会主义道路的研究成果也大量涌现出来,其观点可谓见仁见智,但总的来说,还没有形成一个共识,一些关于中国特色社会主义道路的基本问题还有待深入研究。这些基本问题主要集中在以下几个方面:一是中国特色社会主义道路从何处来的问题,也就是说中国特色社会主义道路的产生是历史的必然,还是人为的使然;二是中国特色社会主义道路是什么的问题。目前在这一问题上的争议最多。就国内来说,一些人对于中国到底走什么道路的问题,"认识不清,持有疑义"。不同的社会群体往往是从不同的意识形态来定义"中国道路"。主流意识认为中国特色社会主义道路实质是在经济全球化背景下,中华民族在中国共产党领导下把科学社会主义基本原则同当代中国国情和时代特征相结合而走出的一条后发国家的现代化之路。一些"左"派学者则认为中国特色社会主义道路是打"左"灯向右拐,走的是资本主义道路或者是民主社会主义道路。而一些右派学者则认为所谓中国特色社会主义道路其实质仍属于苏联模式。而许多国外学者更是以"中国模式"、"中国经验"、"中国道路"等概念代替中国特色社会主义道路，以此淡化和否认中国特色社会主义道路的社会主义性质。所以，弄清楚"中国道路"到底是什么的问题，已经变得非常重要，如果不能科学回答"我是谁"的问题，就无法在国内凝聚人心，进而在国际上的软实力也无从谈起。三是中国特色社会主义道路的未来前景的问题。由于社会转型期诸多矛盾的凸显，中国特色社会主义道路在未来的发展中还面临不少不确定的因素，有许多可以预见和难以预见的困难和风险。中国的经济还能否继续实现高速稳定增长，中国未来会变成一个什么样的国家，许多学者仍存有疑虑。四是中国特色社会主义道路是否可以"复制"的问题。中国特色社会主义道路在过去30年里取得了巨大成功，但是中国特色社会主义道路是否具有世界意义，学界观点也存在很大分歧。一些学者认为，中国道路是特殊的历史和国情的产物，具有独特性，不易为他人效仿。也有学者认为中国道路在特定的前提下有被借鉴的可能。比如在共产党执政的社会主义国家，就可以在某种程度上"复制"中国道路，而在西方的资本主义国家，"复制"的可能性不大。

上述问题，是研究中国特色社会主义道路必须给予回答的问题，本书作者认为要回答这些问题，就必须将中国的发展道路放在世界发展的大格局中。本书就是从国际视角，从时代发展的历史潮流和模式比较中回答了上述问题，提出了自己的观点：一是作者认为中国之所以能够走上中国特色社会主义道路，既是中国近现代社会内部诸要素运动的必然结果，也是应对20世纪后期世界格局变革与时代发展变迁的主动选择，是历史必然性与主动选择性的统一。二是本书作者认为中国特色社会主义道路是相比较而存在的，是相对传统社会主义发展模式与资本主义道路而言的。它对于传统社会主义模式来说是具有"中国特色"的，相对于资本主义道路来说是社会主义的，是社会主义与"中国特色"的统一。它是对科学社会主义的继承和发展，是对传统社会主义模式的革新和超越；是对当代资本主义现代化道路文明成果的吸收和借鉴，但不是走资本主义现代化道路，也不是走民主社会主义道路。进而澄清了人们对中国特色社会主义道路的种种曲解和错误认识。三是本书作者认为中国特色社会主义道路虽然取得了巨大成就，积累了丰富的历史经验，但中国发展道路并非完美无缺，而是存在诸多亟须解决的问题，这些问题既有中国自身在前进的道路中面临的矛盾和风险，也有来自外部环境的挑战，但只要坚定不移地坚持中国特色社会主义道路,贯彻落实科学发展观,解放思想、与时俱进,开拓创新,一定能开拓中国特色社会主义道路更为广阔的发展前景。四是作者认为,中国虽然无意推销中国道路,但是中国特色社会主义道路发展却具有世界意义,它不仅是为世界现存的社会主义国家提供了经验借鉴,也为发展中国家提供了一种有别于西方的发展模式,更为重要的是它为所有国家提供一种启示,那就是"走自己的路"。本书作者立足国情,放眼世界,从国际视角对中国特色社会主义道路进行了客观性的研究与比较,具有较强的说服力,而以往研究成果大多从中国自身视角出发,作者为中国道路的理论研究提供了一个新的视角。

本书作者姜淑兰博士是一名有为的中青年教授,思维敏捷、视域开阔,敢于发现、勇于创新。但是,作者作为一个中国人,难免不受本国价值观念和国人情结的影响,由于没有外国的生活经历,掌握的外国资料有限,难免有局限性。同时,中国特色社会主义道路虽然已经开辟,但是还有很长的路要走,我们对中国道路的认识也还需要一个不断深化认识的过程。因此,本书中存在的一些不够成熟,不够完善的地方,是难以完全避免的。希望作者在今后能进一步深化这一领域的思考和研究,取得更多更好的研究成果。

郑德荣

2010 年 12 月 16 日

前　言

从 1978 年党的十一届三中全会开始，中国特色社会主义道路已经走过 30 余年的历程。30 余年来，中国经济社会发生了广泛而深刻的变化，创造了世界发展史上的"奇迹"。一个拥有近 14 亿人口的发展中大国走上了民族复兴的希望之路。而中国这样的发展成就是在世界社会主义运动遭遇严重挫折，一些国家的改革道路陷入困境的背景下取得的，中国特色社会主义道路不仅改写了中国的历史，也深刻影响着整个世界的历史进程。中国的发展道路日益成为国内外学者广泛关注和研究的热点问题。

国内学者关于中国特色社会主义道路的研究，大体分为两个历史阶段。第一阶段始于上世纪 80 年代邓小平提出"建设有中国特色的社会主义"命题之后到党的十七大召开之前。这一时期，学术界关于中国特色社会主义道路的研究多是与中国特色社会主义理论研究混同在一起，笼统地进行研究，其中侧重中国特色社会主义理论研究的居多，中国特色社会主义道路研究的较少，目前能够查阅的 5800 余篇理论文章中，关于中国特色社会主义道路本身研究的不足 200 篇，学术著作更是少见。第二阶段始于党的十七大召开之后。党的十七大第一次对中国特色社会主义理论体系和中国特色社会主义道路进行了明确界定。此后，学术界关于中国特色社会主义道路的研究再次成为了热点，在短短 3 年多的时间里，涌现了大量研究成果。国内学者对中国特色社会主义道路的基本问题如历史进程、历史根源、科学内涵、发展模式、基本经验等的研究也进一步深化和拓展。但是这些研究成果大多从中国自身视角出发，主要集中在中国特色社会主义道路本身，间或有些与苏联传统社会主义模式等比较的文章，而把中国特色社会主义道路置于世界格局中进行系统研究的尚属鲜见。

近年来，中国发展道路也引起了国际社会的广泛关注和热烈的讨论，有关中国的报道、评论和研究成果大量涌现。国外学者的研究主要集中在中国发展道路的内涵与特征、根本性质与基本走向、原因分析以及经验总结等问题上。总体上说，国外学者的研究较以往更为理性、客观和深入，大多数学者对中国的发展道路与取得的成就都能给予比较客观的认识和评价。尽管由于长期以来受西方价值观念、意识形态的影响，加上对中国历史和国情缺乏应有的了解，因而有些学者的研究也呈现出一定的片面性、局限性甚至是错误，但其中也不乏一些真知灼见，是可以参考、借鉴的。如美国学者乔舒·亚库·雷默的《北京共识》，马丁·哈特·兰兹伯格、保罗·伯克特的《中国的社会主义发生了怎样的变化?》，德国学者托马斯·海贝勒的《解读中国模式》等。目前大多数学者都认同中国的模式或经验，但西方一些学者否认中国道路的社会主义性质。

　　需要指出的是，国内外学者对中国研究所使用的概念是不同的，一般来说国内学者常用"中国特色社会主义道路"，而国外学者则习惯用"中国模式"。应该说，二者在通常情况下是相通的、统一的，统一的基础是中国改革开放以来的现代化建设实践。但是，严格意义上来说，二者也还有着一定的差别。"中国模式"是西方学者从全球的高度对中国现代化道路的理性分析和概括，是相对于其他模式而言的，侧重于横向比较。"中国模式"往往淡化中国的社会主义制度的作用。中国特色社会主义道路则是国内学者对中国现代化道路的经验总结，侧重于纵向考察。中国特色社会主义道路则更重视社会主义制度的作用。

　　国内外学者对中国特色社会主义道路的研究已经取得了丰硕的成果，为今后的进一步研究奠定了良好的基础。但是，还应看到一些研究领域仍然存在着薄弱环节，一些问题并没有给予令人信服的回答。比如，关于中国特色社会主义道路为什么能够产生的问题。以往学者大都认为中国特色社会主义道路的产生是由于中国没有经过资本主义充分发展就进入社会主义的特殊历史与国情所决定的，具有历史的必然性。这当然是中国特色社会主义道路产生的根本原因，但是如果把中国特色社会主义道路的产生仅仅理解为是中国特殊历史与国情发展的历史必然的话，那么为什么与中国具有相似背景和国情的苏东改革却出现了失败，而没有呈现出必然性？也有人认为中国今天的发展成就应该归功于引进了市场经济体制，那么为什么同样采用西方市场经济改革的拉美国家的改革却陷入了困境？中国成功的奥秘到底是什么？中国的发展模式和发展经验是否具有普遍意义？这些问题都需要进一步深入研究与思考。笔者认为要回答这些问题，就必须将中国的发展道路放在世界发展的大格局中，从时代发展的历史潮流和模式比较中科学把握中国特色社会主义道路的独特价值与优势。本文就是立足于国际视角，将中国特色社会主义道路放在时代发展的历史潮流中，通过与各种发展模式的比较研究，深刻揭示中国特色社会主义道路所具有的独特价值与优势，澄清人们对中国特色社会主义道路的种种曲解和错误认识，深刻理解中国特色社会主义道路是对科学社会主义的继承和发展，是对传统社会主义模式的革新和超越；是对当代资本主义现代化道路文明成果的吸收和借鉴，但不是走资本主义现代化道路，也不是走民主社会主义道路。进而诠释中国特色社会主义道路不仅是中国近现代社会基本矛盾与内部诸要素运动的历史必然，也是对世界历史发展潮流与时代变化的主动回应，是历史必然性与主动选择性的统一，是中国人民的正确选择和历史性伟大创造。

本文除序言、结语外，主体部分共由五章构成，各章主要内容概述如下：

第一章主要从内因、外因两方面阐述了中国特色社会主义道路形成的原因。中国近现代社会基本矛盾及其内部诸要素（历史基因、现实国情以及20世纪70年代后期中国国内的政治局势等）的运动是中国特色社会主义道路能够产生的根本原因，而时代主题的转变、苏联传统社会主义模式的衰落以及当代资本主义新变化等因素是中国特色社会主义道路形成的外部推动力。中国特色社会主义道路的形成是内因与外因、国内与国际因素共同作用的结果，是历史必然性与主动选择性的统一。

第二章主要从概念、主要内容、社会形态以及基本特征等方面论述了中国特色社会主义道路的科学内涵。所谓中国特色社会主义道路的科学内涵就是对中国特色社会主义道路本质的集中概括，对此党的十七大报告作出了明确的、科学的界定。但要全面把握中国特色社会主义道路的科学内涵，不仅要从中国特色社会主义道路涵盖内容的本身出发，还要从体现其本质特征的社会形态和基本特征上去研究和探索。

第三章也是本文的重点部分，主要通过与世界上其他发展道路和发展模式的比较，说明中国特色社会主义道路是对科学社会主义的继承和发展，是对传统社会主义模式的革新和超越；是对当代资本主义现代化道路文明成果的吸收和借鉴，但不是走资本主义现代化道路，也不是走民主社会主义道路，从而揭示出中国特色社会主义道路的独特价值和优势。

第四章主要是针对国外学者对中国特色社会主义道路的认识和看法进行评

介和分析。总体上说,近年来国外大多数学者对中国特色社会主义道路的认识、对中国改革开放以来所取得的成就都能给予比较客观的、公正的评价,但由于长期以来受西方价值观念、意识形态的影响,加上对中国历史和国情缺乏应有的了解,因而有些学者的认识、看法和研究成果中也表现出一定的片面性、局限性甚至是扭曲和错误。

第五章主要阐述了中国特色社会主义道路的历史经验和世界意义。这一部分主要从国际国内两个视角阐述了中国特色社会主义道路的历史经验,从而揭示出中国特色社会主义道路对世界社会主义运动,对发展中国家现代化建设以及对于整个人类社会发展的重要贡献和历史意义。

目 录

前　言　/ 1

第一章　中国特色社会主义道路是中国近现代国内外因素共同作用的历史必然　/ 1
　一、中国特色社会主义道路是中国近现代社会内在诸要素运动的必然结果　/ 1
　二、中国特色社会主义道路是应对20世纪后期世界格局变革与时代发展变迁的必然选择　/ 7

第二章　中国特色社会主义道路的科学内涵和基本特征　/ 28
　一、中国特色社会主义道路的科学内涵与社会形态　/ 28
　二、中国特色社会主义道路的基本特征　/ 48

第三章　中国特色社会主义道路的模式比较　/ 61
　一、中国特色社会主义道路与世界社会主义国家发展模式之比较　/ 61
　二、中国特色社会主义道路与当代资本主义发展模式之比较　/ 85
　三、中国特色社会主义道路与民主社会主义发展模式之比较　/ 92

第四章　国外学者视野中的中国特色社会主义道路　/ 98
　　一、国外学者对中国特色社会主义道路的认识与评价　/ 98
　　二、对国外学者关于中国特色社会主义道路认识的评析　/ 108

第五章　中国特色社会主义道路的历史经验与世界意义　/ 113
　　一、中国特色社会主义道路的历史经验　/ 113
　　二、中国特色社会主义道路面临的主要问题与挑战　/ 119
　　三、中国特色社会主义道路的世界意义　/ 136

结　语　/ 144

参考文献　/ 147

后　记　/ 153

第一章

中国特色社会主义道路是中国近现代国内外因素共同作用的历史必然

道路问题事关全局，至关重要。"从革命到建设、改革，选择什么道路，坚持什么道路，从来都是党的事业成败得失的决定性因素。"① 新民主主义革命时期，以毛泽东为代表的中国共产党人正是因为选择了以农村包围城市，武装夺取政权，经新民主主义到达社会主义的中国特色革命道路，才最终取得了新民主主义革命的伟大胜利。改革开放以来，中国共产党人也正是由于把马克思主义基本原理与中国基本国情和时代特征相结合，走中国特色社会主义道路，才取得了举世瞩目的巨大成就。正如胡锦涛在党的十七大报告中指出的："改革开放以来我们取得一切成绩和进步的根本原因，归结起来就是：开辟了中国特色社会主义道路，形成了中国特色社会主义理论体系。"② 而改革开放以来，我们之所以能够走上中国特色社会主义道路，这既是中国近现代社会内部诸要素运动的必然结果，也是应对20世纪后期世界格局变革与时代发展变迁的主动选择，是历史必然性与主动选择性的统一。

一、中国特色社会主义道路是中国近现代社会内在诸要素运动的必然结果

马克思主义认为，社会发展的根本动因，是由于社会基本矛盾的运动的结果，"社会制度中的任何变化，所有制关系中的每一次变革，都是产生了同旧的所有制关系不再相适应新的生产力的必然结果。"③ 一个社会的基本矛盾规

---

① 李君如：《中国特色社会主义和十六大以来党的理论创新》，《政工研究文摘》2007年第4期，第4页。
② 《中国共产党第十七次全国代表大会文件汇编》，人民出版社2007年版，第10~11页。
③ 《马克思恩格斯选集》第1卷，人民出版社1995年版，第238页。

定着这个社会的社会性质和发展方向，在不同的社会形态和历史阶段会有不同的特点，而主要通过这个社会的主要矛盾具体表现出来。中国最终走上中国特色社会主义道路，也是由近现代中国社会主要矛盾及其内部诸要素运动决定的。近代中国半殖民地半封建社会的主要矛盾，决定了经济文化落后的中国先于西方发达资本主义国家进入社会主义，这也进而决定了经济文化落后的中国在此后的社会主义实践中，既不能照抄马克思主义经典作家对社会主义的设想，也不能照搬苏联模式，只能走中国特色的社会主义道路。

（一）中国特色社会主义道路是中国特色革命道路发展的历史必然

唯物史观告诉我们：历史是不能割断的。今天的新中国是由昨天的半殖民地半封建旧中国演变而来的，中国特色社会主义道路是由中国特色革命道路发展而来的，是中国特色革命道路发展的历史必然。1840年鸦片战争以后，中国逐渐沦为半殖民半封建社会，帝国主义和中华民族的矛盾、封建主义和人民大众的矛盾成了社会的主要矛盾。这一主要矛盾决定了谋求民族独立和人民解放、实现国家富强和人民幸福，是近代以来中国社会的两大历史任务。一部中国近现代史，就是中国人民不断探索民族独立、人民解放道路的历史，努力实现民族振兴、国家富强的历史。然而，无论是倡导"无处不均匀，无处不饱暖"的太平天国运动，还是以"扶清灭洋"为号召的义和团运动；无论是主张"中学为体，西学为用"的洋务运动，还是鼓吹变法图强的戊戌维新运动，都以失败而告终。孙中山领导的辛亥革命虽然推翻了清王朝的腐朽统治，结束了中国封建帝制，为中国的发展进步打开了闸门，但是革命的胜利果实还是被封建军阀所篡夺。百年沧桑的历史表明，"封建统治者的和平改良的道路行不通，旧式的农民反抗斗争也不能推翻帝国主义和封建主义的侵略和压迫，民族资产阶级追求的资本主义强国之路也根本无法实现。"① 正是在中国人民对中国前途命运的探索、尝试屡遭失败而感到困惑和迷茫的情况下，俄国十月革命的胜利使中国人民看到了曙光。以毛泽东为代表的中国共产党人把马克思主义基本原理与中国实际相结合，科学分析判断中国特殊国情和社会性质，创立了新民主主义革命理论，明确提出中国革命分"两步走"的战略部署。近代中国的特殊国情不是一般意义上所说的任何国家和民族都具有的自己的国情，而

---

① 姜淑兰、郑德荣：《论中国特色社会主义道路》，《高校理论战线》2008年11期，第15页。

是马克思、恩格斯所分析的五种社会经济形态以外的另一种类型的社会。这种社会既不是完全的封建主义社会，也不是发达的资本主义社会，而是帝国主义和本国封建主义联合压榨下所形成的畸形的半殖民地半封建社会。这种特殊国情和社会性质决定了中国革命既不同于一般意义上的资产阶级民主革命，也不同于俄国十月社会主义革命，而是独具特色的新式的资产阶级民主主义革命即新民主主义革命。据此，毛泽东指出："中国革命不能不做两步走，第一步是新民主主义，第二步才是社会主义。"①"两个革命阶段中，第一个为第二个准备条件，而两个阶段必须衔接，不容横插一个资产阶级专政的阶段"。② 中国共产党的领导是完成"两步走"的根本保证。在这一光辉思想指引下，中国共产党率领中国人民开辟了中国特色革命道路，在农村建立根据地，以农村包围城市，武装夺取政权，取得了新民主主义革命的胜利。新民主主义革命的胜利，从根本上改变了中国社会发展的历史方向，进而经生产资料私有制的社会主义改造，建立了社会主义基本制度，把一个多世纪以来备受侵略欺凌的半殖民地半封建的旧中国，变成了独立的人民当家做主的社会主义新中国。近代中国走上社会主义道路是由近代社会的主要矛盾和特殊国情所决定的，是历史的选择，人民的选择。这场中国有史以来最伟大的革命，开辟了中国历史的新纪元，为中国全面进行社会主义建设开辟了道路，为中国社会的一切发展进步奠定了根本的政治前提和制度基础。同时，中国特色革命道路为中国特色社会主义道路提供了深刻启示，比如坚持实事求是，将马列主义与中国实际相结合，走自己的路。

（二）中国特色社会主义道路是中国社会主义初级阶段基本国情的现实必然

社会主义初级阶段的基本国情是我国走中国特色社会主义道路的现实依据。1956年社会主义改造基本完成，我国已建立起社会主义制度。但是我国的社会主义是由刚刚脱胎于半殖民地半封建社会，经暂短的新民主主义社会过渡而来的，这就加重了社会主义建设的艰巨性和复杂性。人口多、底子薄、耕地少，始终是我国现阶段的基本国情，它决定和制约了我国只能走中国特色社会主义道路。

---

① 《毛泽东选集》第2卷，人民出版社1991年版，第683~684页。
② 同上书，第685页。

我国现阶段的基本国情是近代中国社会特殊国情、特殊历史规律的发展与作用的结果，是新民主主义社会发展合乎逻辑的历史必然。1949年，全国解放前夕，毛泽东在党的七届二中全会上明确指出，中国现代工业和农业在国民经济中的比重分别是10%和90%。这是在革命胜利后一个相当长的时期内一切问题的基本出发点。从这一点出发产生了我们党在战略上、策略上的一系列问题。中华人民共和国的成立结束了旧中国半殖民地半封建的落后的社会形态，建立了新民主主义社会。但是建立在国民经济残缺不全、千疮百孔、畸形落后基础上的新民主主义社会经济，不可能在短暂的时间里完成资本主义社会经过几百年才达到的经济发达水平。况且在社会主义改造后期出现了过急、过快、过粗，形式过于简单化一等失误，致使"两翼"超前，主体滞后，社会主义工业化的任务远远没有完成，新民主主义社会发展生产力的潜力与优越性没有得到充分发挥即过渡到社会主义。这就留下了历史"后遗症"，加重了我国社会主义承袭新民主主义"基因"的必然性。中国的社会主义从经济发展水平来看，既远远落后于马克思主义创始人设想的在资本主义高度发达基础上建立的社会主义，也落后于俄国十月革命胜利后建立起来的社会主义。新民主主义社会所能提供给社会主义的物质基础十分薄弱，因此中国的社会主义在各方面，在经济、道德和精神方面都带着它脱胎出来那个旧社会的痕迹。这种"旧社会的痕迹"的集中表现是经济文化比较落后，农业人口占很大比例，贫困人口占很大比重，人民生活水平还很低。尽管社会主义制度建立后到改革开放前的二十几年间，我国的经济建设取得了巨大成就，建立了独立的比较完整的工业体系和国民经济体系，但并没有从根本上改变我国生产力落后的状况，农业人口仍然占很大比重，主要依靠手工劳动；自然经济半自然经济占很大比重，市场化程度很低；文盲半文盲人口占很大比重，科技教育文化落后；贫困人口占很大比重，人民生活水平比较低，中国仍然是一个发展中的农业大国，是"不够格"的社会主义，仅仅处于社会主义初级阶段，这是我国现实的基本国情。它决定和制约了中国"必须在社会主义条件下经历一个相当长的初级阶段"，① 去实现由资本主义社会经几百年完成的工业化和经济的社会化、市场化、现代化的任务，而这正是人类社会经济发展的客观规律，也是没经历资本主义高度发展而进入社会主义的生产力落后国家不可逾越的历史阶段。因

---

① 《江泽民文选》第2卷，人民出版社2006年版，第14页。

此，我国的社会主义建设必须走具有中国特色的社会主义道路，这是中国近现代社会历史发展的必然选择和基本结论，也是符合历史规律的。马克思深刻指出："人们自己创造自己的历史，但是他们并不是随心所欲地创造，并不是在他们自己选定的条件下创造，而是在直接碰到的、既定的、从过去承继下来的条件下创造。"① 由此可见，抛开社会主义初级阶段的基本国情，就难以真正理解我们为什么必须走中国特色社会主义道路。正如党的十三大报告指出："在中国这样落后的东方大国中建设社会主义，是马克思主义发展史上的新课题。我们面对的情况，既不是马克思主义创始人设想的在资本主义高度发展的基础上建设社会主义，也不完全相同于其他社会主义国家。照搬书本不行，照搬外国也不行，必须从国情出发，把马克思主义基本原理同中国实际结合起来，在实践中开辟有中国特色的社会主义道路。"②

（三）中国特色社会主义道路是 20 世纪 70 年代末中国政局发展的大势所趋

中国特色社会主义道路的开辟，是以十一届三中全会党的伟大历史转折为开端的。众所周知，三中全会是在党和国家面临向何处去的重大历史关头召开的。关于三中全会的伟大历史意义，胡锦涛在纪念党的十一届三中全会召开30周年大会上的讲话中深刻指出："这次会议，实现了新中国成立以来我们党历史上具有深远意义的伟大转折，开启了我国改革开放历史新时期。从此，党领导全国各族人民在新的历史条件下开始了新的伟大革命。"③

三中全会实现了伟大历史转折，这主要体现在三个方面：一是彻底否定了"文化大革命"的错误理论、方针与政策，全面恢复和重新确立了马克思主义的思想路线、政治路线和组织路线；二是停止使用"以阶级斗争为纲"的口号，明确提出把工作重点转移到社会主义现代化建设上来的重大决定；三是顺应了时代发展要求和人民愿望，勇敢作出了改革开放的重大战略决策。

三中全会为什么能够实现这样的伟大转折？这是与当时的时代背景和历史条件分不开的。第一，从当时的国内外形势看。1976 年 10 月，我们党一举粉

---

① 《马克思恩格斯选集》第 1 卷，人民出版社 1995 年版，第 585 页。
② 《十一届三中全会以来党的历次全国代表大会中央全会重要文件选编》（上），中央文献出版社 1997 年版，第 446 页。
③ 胡锦涛：《在纪念党的十一届三中全会召开 30 周年大会上的讲话》，《人民日报》（海外版）2008 年 12 月 19 日第 2 版。

碎了"四人帮",从危难中挽救了党和国家。但是,党和国家的前途和命运问题并没有根本解决,当时仍然存在着两种倾向、两种命运:一种是按照当时党内主要负责人主张的"两个凡是"的方针,继续"左"的错误理论与实践的倾向。照此走下去,只会使中国社会主义事业进入死胡同,最终葬送社会主义。另一种是广大干部群众主张的从根本上纠正"文化大革命"的错误,从危难中重新奋起,追赶时代潮流的要求和愿望。但这种要求与愿望遭到了严重阻碍,党和国家工作在前进中出现徘徊局面。与此同时,在国际上,世界经济快速发展,科技进步日新月异,发达国家新科技革命引发的经济快速发展和高度现代化与中国落后状况形成的巨大反差,这给以邓小平为代表的党和国家领导人以强烈震撼,促使他们迅速觉醒。1978年,邓小平四次出访缅甸、朝鲜、日本、新加坡等7个国家。这4次出访中,最触动他的是10月份对日本的访问和11月份对新加坡的访问。在考察日本汽车工厂时,邓小平讲出了那句著名的话:"我懂得什么是现代化了。"① 1978年10月10日,邓小平在会见德意志联邦共和国新闻代表团时深有感触地说:"同发达国家相比较,经济上的差距不止是十年了,可能是二十年、三十年,有的方面可能是五十年。"② 当时国内外形势呼唤我们党尽快就关系党和国家前途命运的大政方针作出政治决断和战略抉择。第二,三中全会前那场关于真理标准问题的大讨论,为重新确立党的思想路线奠定了坚实的理论基础,为三中全会的召开作了理论上和思想上的准备。1978年5月11日,《光明日报》发表了《实践是检验真理的唯一标准》一文。尽管文章只是对马克思主义的基本常识作正面阐述,实际上却是批判了"两个凡是"的错误方针,因而立即引起"两个凡是"同"实事求是"两种观点的激烈争论。邓小平坚定地支持和领导了真理标准大讨论,提出要完整地准确地理解毛泽东思想,旗帜鲜明地指出"两个凡是"不符合马克思主义,从而为我们党、我们国家指明了正确方向。"真理标准问题"的讨论揭开了全党全国人民思想解放的序幕,直接推动了十一届三中全会的召开。第三,1978年11月10日至12月15日,为期三十六天的中央工作会议为十一届三中全会的成功召开作了充分准备。出席会议的都是中央各部委、各省、市、自治区和各大军区以及群众团体的主要负责人,共212人。会议最初有三

---

① 熊华源,熊亮华:《邓小平在1978》,《发展导报》2004年8月20日第2版。
② 《邓小平文选》第2卷,人民出版社1994年版,第132页。

个正式议题,即讨论《关于加快农业发展速度的决定》和《农村人民公社工作条例(试行草案)》;商定1979年、1980年国民经济计划安排;学习李先念在国务院务虚会议上的讲话。但是在邓小平、陈云等老一辈无产阶级革命家的努力下,会议中途发生了违反主持人意愿的改变,转而讨论一些重大的历史遗留问题。会议批评了"两个凡是"的错误方针,在工作重点转移、加强民主法制建设、改革经济管理体制,扩大企业自主权等许多重大问题上取得共识。"三中全会要确定的路线方针任务等,在中央工作会议上都已经提了出来,并且有了解决问题的主张。"① 邓小平在中央工作会议闭幕会上所作的《解放思想、实事求是,团结一致向前看》的讲话,为三中全会定了基调,实际上成为三中全会的主题报告。十一届三中全会就是在这种复杂的国际国内形势下召开的,三中全会的胜利召开,表明了我们党实现了历史性伟大转折,标志着中国特色社会主义道路的伟大开端。

伟大历史转折和中国特色社会主义新道路的开端发生在1978年的十一届三中全会,虽然带有一定的偶然性,因为原来工作会议的主题和三中全会要解决的问题并不是后来会议上讨论的那些内容。但是,从当时国际国内背景,特别是粉碎"四人帮"后党内的思想状况、组织状况和群众的情绪上看,这个转折迟早要发生。"它绝不是突然的,而是顺理成章的,是瓜熟蒂落,水到渠成"。②

二、中国特色社会主义道路是应对20世纪后期世界格局变革与时代发展变迁的必然选择

任何一个国家的发展都是特定时代的产物。每个国家社会的发展都不能脱离世界历史发展的轨道和时代背景而独立存在。社会主义从理论到实践,经历着不同时代的严峻考验,社会主义的实践模式的选择都与时代性质、时代主题与时代特征以及对这些认识密切相关。列宁认为:"只有首先分析了从一个时代转变到另一个时代的客观条件,才能够了解我们面前发生的极其重大的历史

---

① 于光远:《十一届三中全会前的一次特别会议》,《文史博览》2008年第5期,第5页。
② 朱佳木:《十一届三中全会前的若干情况——我所知道的十一届三中全会》(上),《党的文献》1998年第6期,第24页。

事件。"① 当今时代尤其如此。中国特色社会主义道路的产生、形成和发展既是中国社会内在要素运动的必然结果，也有来自外部环境的影响与推动。从一定意义上说，中国特色社会主义道路的选择就是对世界格局变革和时代发展的主动性回应。研究中国特色社会主义道路必须立足于对当代中国国情的认知，同时，又必须具有宽广的世界眼光，把中国特色社会主义道路置于世界整体文明的进程中。只有既立足本国，又放眼世界，才能真正把握中国特色社会主义道路的价值之所在。

（一）中国特色社会主义道路是对 20 世纪后期时代主题转变的主动回应

所谓时代，一般是指以经济、政治、文化等状况为依据而划分的社会、国家的某个特定历史时期。在社会历史领域是指人类社会历史进程中由某一进步阶级所开辟的一个大的历史时期，即列宁所称的"历史上的大时代"。科学判断和正确把握所处时代的基本情况包括所处时代的性质、不同发展阶段的基本特征以及国际形势和世界发展趋势等等，是一个政党、一个国家制定正确的战略策略的基本依据和重要前提。正如列宁所指出的："只有在这个基础上，即首先考虑到各个'时代'的不同的基本特征（而不是个别国家的个别历史事件），我们才能够正确地制定自己的策略；只有了解某一个时代的基本特征，才能在这一基础上去考虑这个国家或那个国家的更具体的特点。"② 一个国家所处的时代大背景是影响这个国家发展道路的选择和发展前景的重要外部因素。中国走上社会主义道路，是 20 世纪前半期世界历史进入帝国主义和无产阶级革命时代的必然；同样，中国在 20 世纪后期选择中国特色社会主义道路，也是由于这个时期的以"和平和发展"为主题的时代所决定的。因此，考察时代的发展变化，揭示这个时代的性质、主题和特征是研究中国特色社会主义道路的一个重要立足点。

1. 党的第一代中央领导集体对时代问题的认识与社会主义革命及建设道路的选择。在民主革命时期，毛泽东和中国共产党人对时代的认识，基本接受了列宁和斯大林的思想，将所处的时代概括为"战争和革命"为主题的时代，并自觉地把中国的革命融入世界无产阶级革命的洪流之中。早在 1925 年，毛泽东就指出"现在世界上的局面，是革命和反革命两大势力作最后斗争的局

---

① 《列宁全集》第 26 卷，人民出版社 1988 年版，第 142～143 页。
② 同上书，第 143 页。

面。这两大势力竖起了两面大旗:一面是红色的革命的大旗,第三国际高举着,号召全世界一切被压迫阶级集合于其旗帜之下;一面是白色的反革命的大旗,国际联盟高举着,号召全世界一切反革命分子集合于其旗帜之下。"① 实际上,这时毛泽东就已经把中国革命看做是世界无产阶级革命的一部分了。1940年毛泽东在《新民主主义论》中进一步阐述了这一理论。毛泽东指出:"第一次帝国主义世界大战和第一次胜利的社会主义十月革命,改变了整个世界历史的方向,划分了整个世界历史的时代。"② "在这种时代,任何殖民地半殖民地国家,如果发生了反对帝国主义,即反对国际资产阶级、反对国际资本主义的革命,它就不再是属于旧的世界资产阶级民主主义革命的范畴,而属于新的范畴了;它就不再是旧的资产阶级和资本主义的世界革命的一部分,而是新的世界革命的一部分,即无产阶级社会主义世界革命的一部分了。"③ 正是依据这个对时代的认识和判断,毛泽东深刻分析了中国社会各阶级的地位及其对革命的态度,确立了中国革命"两步走"的战略,坚持走农村包围城市、武装夺取政权,经新民主主义到达社会主义的革命道路,制定了新民主主义革命总路线等一系列的战略与策略。1940年7月,毛泽东在《团结到底》一文中把当时正在进行的革命和战争同时联系起来,他认为:"目前的国际形势,是帝国主义战争正向世界范围内扩大,由帝国主义战争所造成的极端严重的政治危机和经济危机,将必然引起许多国家革命的爆发。我们是处在战争和革命的新时代。没有卷入帝国主义战争漩涡的苏联,是全世界一切被压迫人民和被压迫民族的援助者。"④ 这一论断进一步丰富和发展了列宁、斯大林概括的关于"帝国主义和无产阶级革命的时代"的提法。新民主主义革命的胜利和中华人民共和国的建立已经证明,毛泽东把握了时代主题,体现了时代的要求,毛泽东这一时期对于时代的认识以及新民主主义革命的战略策略是正确的。

新中国成立后,毛泽东虽然一度认为世界和平是有可能的。认为"只要全世界共产党能够继续团结一切可能的和平民主力量,并使之获得更大的发

---

① 《毛泽东选集》第1卷,人民出版社1991年版,第4页。
② 《毛泽东选集》第2卷,人民出版社1991年版,第667页。
③ 《毛泽东选集》第2卷,人民出版社1991年版,第668页。
④ 同上书,第761页。

展,新的世界战争是能够制止的。"① 但是,在时代问题的总的判断上,仍然强调了所处时代的帝国主义性质。1958年八届六中全会的公报说:"正如毛泽东同志在这次全会上所说的,国际形势的总的特点是,'敌人一天天烂下去,我们一天天好起来。'……帝国主义战争狂人和反动派的冒险和挣扎,都不可能挽救他们的最后的灭亡。"关于世界大战的看法,毛泽东认为:无非是两种可能——一种是战争引起革命,一种是革命制止战争。直到70年代,毛泽东仍然认为,"新的世界大战的危险依然存在"。基于这样一种判断,我国的经济建设、国防建设和其他建设以及外交方针一直都以战争与革命这两大主题为重心。在国内,"左"的错误路线的形成以及"文化大革命"的发生都与对时代的不正确判断有关。在对外政策上,在国家经济十分困难的情况下,我们仍然动用了大量的人力和物力支援世界革命。就当时中国所处的时代背景和国际形势来看,毛泽东对于时代主题和性质的认识有其科学性、合理性的一面,但也有对战争危险性估计过高的一面。

2. 党的第二代中央领导集体对时代问题的认识与中国特色社会主义道路的开辟。十一届三中全会后以邓小平为核心的党的第二代中央领导集体坚持实事求是,对新中国成立后30多年,特别是20世纪六七十年代以后国际形势的新变化进行了深入观察与思考,从错综复杂、瞬息万变的国际形势中抓住了主要矛盾,对我们所处的时代及其基本特征作出了新的科学判断。

一是科学把握了当今时代主题的变化。20世纪下半叶,整体国际形势不以人们的意志为转移而发生了重大变化,从时代性质来说,仍然处于资本主义向社会主义过渡的历史大时代,马克思、列宁分析的资本主义的本质、资本主义社会的主要矛盾和问题依然存在,但是从阶段性的时代主题与特征来说却又表现出了许多新特点,战争与革命的时代主题正在逐渐转化。邓小平科学把握了这一发展变化,通过对世界局势和我们周边环境进行深入分析后,得出了和平与发展的时代主题的新判断。邓小平认为,"世界大战是可以避免的"。他说:"这几年我们仔细地观察了形势……改变了原来认为战争的危险很迫近的看法。"② "得出结论,在较长的时间内不发生大规模的世界战争是有可能的,

---

① 《毛泽东文集》第6卷,人民出版社1999年版,第67~68页。
② 《邓小平文选》第3卷,人民出版社1993年版,第127页。

维护世界和平是有希望的。"① "现在国际形势看来会有个比较长时间的和平环境,即不爆发第三次世界大战的环境。"② 邓小平这一判断是有深刻的科学依据的。首先,二战后,随着世界殖民体系的瓦解,引起帝国主义国家之间为争夺殖民地和势力范围的战争动因已不复存在。随着西欧老牌帝国主义的逐渐衰落,美国成了世界上唯一的超级大国,帝国主义列强之间相争的条件也已丧失。其次,由于二战后新科技革命的兴起,使各国间经济的相互依存性不断加强,整个世界日益成为一个有机的整体。同时,各国之间的竞争方式也发生了变化,由过去的单纯军事竞争转向了以经济、科技为基础的综合国力的较量。各国都把发展生产力作为本国的首要任务,以求在世界经济竞争中立于不败之地,在一定程度上制约了世界大战的爆发。第三,美苏两个超级大国力量相对平衡,一定程度上制约了战争的爆发。邓小平指出:"就打世界大战来说,只有两个超级大国有资格,一个苏联,一个美国,而这两家都还不敢打。"③ 第四,世界和平力量的增长超过了战争力量的增长。战后由于社会主义国家和发展中国家力量的增强以及西方资本主义国家民主力量的壮大,和平与发展已成为世界人民的普遍要求,这就从根本上改变了国际力量对比,形成了有利于维护和平与促进发展的总趋势。邓小平指出:"根据对世界大势的这些分析,以及对我们周围环境的分析,我们改变了原来认为战争的危险很迫切的看法。"④ 他认为:"在较长的时间内不发生大规模的世界战争是可能的,维护世界和平是有希望的。"⑤ 80年代末90年代初,在苏东剧变,国际局势发生重大变化的情况下,邓小平仍然坚持世界大战可以避免的科学判断,指出:对国际形势"不能看成一片漆黑,不能认为形势恶化到多么严重的地步。"⑥

邓小平对国际形势作出的"世界大战可以避免"的科学判断,为我们党把工作重点转移到以经济建设为中心,实行改革开放的战略决策提供了科学依据和重要前提。正如邓小平所说:"一九七八年我们制定一心一意搞建设的方针,就是建立在这样一个判断上的。"⑦ 也正是基于这种判断,在对外政策上

---

① 《邓小平文选》第3卷,人民出版社1993年版,第127页。
② 同上书,第270页。
③ 《邓小平文选》第3卷,人民出版社1993年版,第127页。
④ 同上。
⑤ 同上。
⑥ 同上书,第354页。
⑦ 同上书,第233页。

做了重要调整。在国际交往中,我们不再以意识形态而是以国家利益为最高准则;在国与国的关系上,我们尊重各国人民的选择,主张世界各国在和平共处五项原则的基础上加强合作与交流。"总之,一个是对国际形势的判断,一个是根据这一判断相应地调整对外政策,这是我们的两个大变化。"① 这使我国在国际交往中获得了最大主动权,提升了中国的国际地位,为改革开放创造了有利的国际环境。

二是作出了"和平与发展"是当今时代主题的科学判断。1984年5月,邓小平在会见巴西总统菲格雷多时的谈话中,首次提出了世界两大突出问题。他指出:"现在世界上问题很多,有两个比较突出。一是和平问题。……二是南北问题。这个问题在目前十分突出。"② 同年10月,他再次强调指出:"国际上有两大问题非常突出,一个是和平问题,一个是南北问题。还有其他许多问题,但都不像这两个问题关系全局,带有全球性、战略性的意义。"③ 1985年3月,在会见日本商工会议所访华团时,他更为明确地阐述了关于当今时代两大问题的观点。他说:"现在世界上真正大的问题,带全球性的战略问题,一个是和平问题,一个是经济问题或者说发展问题。和平问题是东西问题,发展问题是南北问题。概括起来,就是东西南北四个字。南北问题是核心问题。"④ 由此,产生了"和平与发展是当代世界的两大问题"的著名论断。它代表了中国共产党人对时代特征与主题的新的科学判断,同时也表明中国共产党已不再把"战争与革命"作为当今时代的主题。党的十三大根据邓小平的思想,正式提出"和平与发展是当代世界的主题"的思想观点,党的十四大、十五大重申了这一观点。邓小平之所以把和平与发展问题称为世界上真正大的、带有全球性的战略问题,是因为这两个问题不仅反映了世界形势发展的大趋势,也反映了全人类的共同利益和迫切希望。

邓小平提出和平与发展是当今时代主题的目的,是要我们抓住世界大战还打不起来的有利时机,集中精力搞好社会主义现代化建设。他说:"中国太穷,要发展自己,只有在和平的环境里才有可能。"⑤ "我们诚心诚意地希望不

---

① 《邓小平文选》第3卷,人民出版社1993年版,第128页。
② 《邓小平文选》第3卷,人民出版社1993年版,第56页。
③ 同上书,第96页。
④ 同上书,第105页。
⑤ 同上书,第82页。

发生战争，争取长时间的和平，集中精力搞好国内的四化建设。"① 邓小平认为，中国是世界上最大的发展中国家，中国国际地位的提高，社会主义制度的巩固，只能靠自身的发展。邓小平指出："中国能不能顶住霸权主义、强权政治的压力，坚持我们的社会主义制度，关键就看能不能争得较快的增长速度，实现我们的发展战略。"②

三是清醒地认识到霸权主义、强权政治的严重危害。无论是冷战时期还是冷战结束后，霸权主义和强权政治都是造成国际局势动荡、世界不稳定的主要根源。邓小平在作出和平与发展是时代主题的判断后，仍清醒地认识到当今世界并不太平，霸权主义、强权政治是和平与发展问题的主要障碍。因此，他提出要维护世界和平，首先要反对霸权主义和强权政治。邓小平指出："反对超级大国的霸权主义也就是维护世界和平。"③ 他强调："中国的对外政策，主要是两句话。一句话是反对霸权主义，维护世界和平，另一句话是中国永远属于第三世界。"④ 并认为这是中国对外政策的一个基础。其次，必须打破国际经济旧秩序，建立国际经济新秩序。由于当前的国际经济秩序主要是第二次世界大战后由发达国家建立和主导的，它一直是发展中国家经济发展的主要障碍。因此，解决世界经济发展和南北问题的关键，是必须打破不合理的国际经济旧秩序，建立公正、合理的国际经济新秩序。

邓小平关于时代问题的分析与判断，完全符合当今世界的实际情况，是当代中国走改革开放和社会主义现代化这条发展道路的重要依据和前提条件。中国特色社会主义道路也正是在这一科学判断基础上成功开辟出来的。尽管改革开放30多年来国际形势发生了一系列重大变化，但是，总的来说，我们所处的时代性质没有变，仍然是资本主义向社会主义过渡的时代，时代主题也没有改变，和平与发展仍然是当今时代的主流。正如邓小平在1992年南方谈话中所指出："世界和平与发展这两大问题，至今一个也没有解决。"⑤ 从完整的意义上理解，邓小平关于和平与发展是当今世界两大主题的论断，既是对当前世界形势及其发展趋势的科学判断，也是对今后相当长一个历史时期总体国际形

---

① 《邓小平文选》第3卷，人民出版社1993年版，第57页。
② 《邓小平文选》第3卷，人民出版社1993年版，第356页。
③ 同上书，第104页。
④ 同上书，第56页。
⑤ 同上书，第383页。

势的科学概括。亦如2001年7月江泽民在纪念中国共产党成立80周年大会的讲话中所指出的："世界多极化和经济全球化的趋势在曲折中发展，科技进步日新月异，综合国力竞争日趋激烈，世界的力量组合和利益分配正在发生新的深刻变化。和平与发展这两大课题至今一个都没有解决，天下仍很不太平。"①"总体和平、局部战乱，总体缓和、局部紧张，总体稳定、局部动荡"，将是今后一个时期国际局势的基本态势。面对和平与发展的时代主题和当前国际形势以及世界发展趋势的新变化，中国作为一个发展中的社会主义国家，既面临着新的发展机遇，也面临着严峻挑战，中国必须增强紧迫感，必须坚持十一届三中全会以来确定的"一个中心，两个基本点"的基本路线不动摇，顺应时代发展要求，走科学发展、和谐发展、和平发展的中国特色社会主义道路。这既是中国特色社会主义道路的内在要求，也是应对时代发展潮流的必然选择。

（二）中国特色社会主义道路是党深刻反思社会主义运动经验教训的必然结果

中国特色社会主义道路之所以在20世纪后期成功开辟出来，不仅是立足本国国情，顺应时代发展潮流的必然选择，也是总结世界社会主义运动特别是反思苏东剧变的必然结果。十月革命胜利后，苏联建立起了世界上第一个社会主义国家。由于苏联在建国后短时间内取得了巨大成就，苏联社会主义模式曾一度成为后来社会主义国家效仿的唯一模式。但是随着时代的发展变化，苏联在社会主义建设中的弊端逐渐暴露出来，也使一些社会主义国家对苏联的社会主义模式产生怀疑，并开始探索自己的社会主义建设道路，但大都没有取得成功。

苏联模式对中国社会主义建设道路的影响至深。同其他社会主义国家一样，由于缺乏社会主义建设的经验，中国在社会主义建设初期基本上照搬了苏联模式。毛泽东曾指出："因为我们没有经验，在经济建设方面，我们只得照抄苏联。特别是在重工业方面，几乎一切都抄苏联，自己的创造性很少。这在当时是完全必要的。同时又有一个缺点，缺乏创造性，缺乏独立自主的能力。"② 从1956年起，以毛泽东为核心的党的第一代中央领导集体"以苏为鉴"开始探索中国自己的社会主义建设道路，但由于种种原因，直到毛泽东

---

① 《江泽民文选》第3卷，人民出版社2006年版，第297页。
② 《毛泽东著作选读》（下册），人民出版社1986年版，第831页。

中国特色社会主义道路是中国近现代国内外因素共同作用的历史必然

晚年，中国并没有从根本上摆脱苏联模式的束缚和影响。改革开放后，特别是苏东剧变，给世界社会主义运动和各国共产党人以强烈震撼，也促使中国共产党人的迅速觉醒，引发了对苏东剧变的惨痛教训和苏联社会主义模式的深层次思考，开始逐步突破苏联社会主义模式的拘囿，形成了新的具有中国特色的社会主义发展道路。在一定意义上说，中国特色社会主义道路就是从告别苏联模式开始的，是反思世界社会主义运动经验教训的必然结果。苏东剧变给我们留下的经验教训很多，主要有以下几个方面：

1. 促使中国共产党人对什么是社会主义即社会主义本质问题进行思考。关于什么是社会主义，这是社会主义建设必须要解决的首要基本问题之一，也是长期以来在世界社会主义理论和实践中没有搞清楚的问题。马克思、恩格斯通过对资本主义社会基本矛盾的分析，对未来的社会即共产主义社会的基本特征作了这样的描述：（1）消灭资本主义私有制，建立了生产资料公有制；（2）不存在商品生产、货币交换和市场；（3）实行按劳分配的原则，并逐步从按劳分配向按需分配过渡；（4）高度发达的生产力和比资本主义更高的劳动生产率；（5）消灭了阶级，国家逐步自行消亡，建立起"自由人联合体"，等等。后来列宁把马克思、恩格斯论述的共产主义社会的第一阶段称之为社会主义。列宁晚年对社会主义作出了这样的概括："苏维埃政权＋普鲁士的铁路管理制度＋美国的技术和托拉斯组织＋美国的国民教育等等等等＋＋＝总和＝社会主义。"① 其实质是从生产关系和生产力、经济基础和上层建筑两个方面来思考社会主义。但到了斯大林执政时期，斯大林只侧重以生产关系即公有制和消灭剥削阶级这两条而不是以生产力的发展这一根本作为衡量和论述社会主义的标准。与这样的社会主义理念相适应，苏联在经济上建立的是以公有制、按劳分配和计划经济为主要特征的高度集中的经济体制；在政治上建立的是以共产党一党制、权力高度集于中央为主要特征的高度集权的政治体制；在文化上建立的是以对意识形态的高度垄断和追求文化发展的单一性为主要特征的高度划一的文化体制。斯大林去世后，尽管赫鲁晓夫和勃列日涅夫对社会主义的认识有了一些改变，但始终没有跳出斯大林时期所形成的思想理论框架。到了戈尔巴乔夫执政时期，对社会主义的思考则从一个极端走向另一个极端，全盘否定苏联在30年代建立起来的社会主义制度，搞所谓的"人道的民主的社会主

---

① 《列宁全集》第34卷，人民出版社1985年版，第520页。

义"改革,使苏联由改革变成了改制,最终导致了苏联解体,从根本上葬送了社会主义。总之,苏联在几十年的社会主义建设实践中,几代领导人都没有搞清"什么是社会主义"这个根本问题。针对苏联模式的教训,邓小平曾指出:"社会主义究竟是个什么样子,苏联搞了很多年,也并没有完全搞清楚。可能列宁的思路比较好,搞了个新经济政策,但是后来苏联的模式僵化了。"①我国在社会主义建设时期,由于基本上照抄照搬苏联模式,实质上也没有搞清楚这个问题。正是在对苏联模式及我国社会主义建设经验教训的深刻反思中,邓小平开始深入思考"什么是社会主义"。从1980年到1991年10年之中,邓小平不下20次提出要搞清楚"什么是社会主义"这一问题。早在1980年4月,邓小平就指出:"不解放思想不行,甚至于包括什么叫社会主义这个问题也要解放思想。"②1984年6月,他又指出:"什么叫社会主义,什么叫马克思主义?我们过去对这个问题的认识不是完全清醒的。"③1985年4月,邓小平系统地阐述了为什么要提出这个问题,他说:"我们冷静地分析了中国的现实,总结了经验,肯定了从建国到一九七八年三十年的成绩很大,但做的事情不能说都是成功的。我们建立的社会主义制度是个好制度,必须坚持。我们马克思主义者过去闹革命,就是为社会主义、共产主义崇高理想而奋斗。现在我们搞经济改革,仍然要坚持社会主义道路,坚持共产主义的远大理想,年轻一代尤其要懂得这一点。但问题是什么是社会主义,如何建设社会主义。我们的经验教训有许多条,最重要的一条,就是要搞清楚这个问题。"④尽管当时我们党把这一问题作为社会主义建设的首要基本问题提了出来,但是由于我们党的认识水平,还很难肯定地清楚地给予科学回答。因此,邓小平采取逆向思维的方式,通过对苏联和我国社会主义建设的反思中,总结出"什么不是社会主义"。如,贫穷不是社会主义,发展太慢也不是社会主义;平均主义不是社会主义,两极分化也不是社会主义;僵化封闭不能发展社会主义,照搬外国也不能发展社会主义;没有民主就没有社会主义,没有法制也没有社会主义;不重视物质文明搞不好社会主义,不重视精神文明也搞不好社会主义。后来,邓小平逐渐从否定回答中,概括出了社会主义社会的基本特征。1985年3月,

---

① 《邓小平文选》第3卷,人民出版社1993年版,第139页。
② 《邓小平文选》第2卷,人民出版社1994年版,第312页。
③ 《邓小平文选》第3卷,人民出版社1993年版,第63页。
④ 同上书,第115~116。

邓小平在全国科技工作会议上指出:"一个公有制占主体,一个共同富裕,这是我们所必须坚持的社会主义的根本原则。"① 1986年9月,邓小平在《答美国记者迈克·华莱士问》中又从社会生产力的高度对社会主义原则作了新的概括。他说:"社会主义是共产主义第一阶段,当然这是一个很长很长的历史阶段。社会主义时期的主要任务是发展生产力,使社会物质财富不断增长,人民生活一天天好起来,为进入共产主义创造物质条件。不能有穷的共产主义,同样也不能有穷的社会主义。致富不是罪过。但我们讲的致富不是你们讲的致富。社会主义财富属于人民,社会主义的致富是全民共同致富。"② 1988年,邓小平再次指出:"坦率地说,我们过去照搬苏联搞社会主义的模式,带来很多问题。我们很早就发现了,但没有解决好。我们现在要解决好这个问题,我们要建设的是具有中国自己特色的社会主义。"③ 在这里,邓小平把中国特色社会主义与苏联社会主义作为两种不同的社会主义模式明确提了出来。在对苏联模式长时期深刻反思之后,1992年在南巡讲话中社会主义本质终于被完整、科学地概括出来,即社会主义的本质是"解放生产力,发展生产力,消灭剥削,消除两极分化,最终达到共同富裕"④。邓小平关于社会主义本质的概括是从根本上突破苏联模式的重要标志,也是反思苏东剧变的必然结果。正如他在南巡讲话的结尾指出的:"一些国家出现严重曲折,社会主义好像被削弱了,但人民经受锻炼,从中吸收教训,将促使社会主义向着更加健康的方向发展。"⑤ 江泽民也高度重视苏东剧变的经验教训。他说,"要深刻认识和吸取世界上一些长期执政的共产党丧失政权的教训。"⑥ 正是基于这样的反思,江泽民在庆祝中国共产党成立八十周年大会上的讲话中才强调指出:"社会主义的根本任务是发展生产力,增强社会主义国家的综合国力,使人民的生活日益改善,不断体现社会主义优于资本主义的特点。"⑦ 胡锦涛也指出,改革开放,"目的就是要解放和发展社会生产力,实现国家现代化,让中国人民富裕起来,振兴伟大的中华民族;就是要推动我国社会主义制度自我完善和发展,赋

---

① 《邓小平文选》第3卷,人民出版社1993年版,第111页。
② 《邓小平文选》第3卷,人民出版社1993年版,第171~172页。
③ 同上书,第261页。
④ 同上书,第373页。
⑤ 同上书,第383页。
⑥ 江泽民:《论党的建设》,中央文献出版社2001年版,第518页。
⑦ 《江泽民文选》第3卷,人民出版社2006年版,第274页。

予社会主义新的生机活力，建设和发展中国特色社会主义。"① 十一届三中全会以来，中国共产党正是由于吸取了苏东剧变的经验教训，在理论上认清了"什么是社会主义"这一基本问题，才逐渐在实践中开辟出了一条具有中国特色的社会主义现代化道路。

2. 促使中国共产党人对于怎样建设社会主义即社会主义道路问题的思考。怎样建设社会主义，与什么是社会主义这是一个问题的两个方面，弄清楚什么是社会主义，最根本的在于解决怎样建设社会主义的问题。改革开放以来，中国特色社会主义道路的开辟，就是从总结我国社会主义建设和苏联模式的经验教训中，紧紧围绕"什么是社会主义，怎样建设社会主义"这一主题展开的。在一个经济文化落后的国家如何建设社会主义，马克思主义经典作家并没有提供现成的答案。苏联在列宁时期，通过制定新经济政策来解决这一难题。列宁的"新经济政策"在促进苏联经济发展以及抵制帝国主义势力包围中起了积极的作用。实践证明，"新经济政策"是适合苏联国情的社会主义发展道路。后来斯大林不顾苏联是一个经济、政治、文化都比较落后的国家的现实国情，试图从马克思主义对于社会主义经典的论述中找出现成的答案，以此来解决现实问题，脱离苏联当时生产力发展水平，急于追求生产关系的变革。在这种急于过渡思想的支配下，斯大林过早地结束了新经济政策，代之以激进的、行政命令的办法直接建设社会主义，严重阻碍了国内经济的发展，人民日益增长的物质和文化需求长期得不到满足，这是导致苏联解体的一个重要原因。基于苏东剧变的深刻教训，中国共产党主要加深了对以下几个基本问题的认识。一是必须科学对待马克思主义。苏联解体，东欧剧变，一个重要原因就是没有正确地处理好如何对待马克思主义的问题，从斯大林时期教条式地对待马克思主义到戈尔巴乔夫最终放弃马克思主义说明，"左"和"右"都会葬送社会主义。正是在对苏东剧变的反思中江泽民深刻指出："马克思主义的基本原理任何时候都要坚持，否则我们的事业就会因为没有正确的理论基础和思想灵魂而迷失方向，就会归于失败。"② 同时他又进一步指出"如果不顾历史条件和现实情况的变化，拘泥于马克思主义经典作家在特定历史条件下、针对具体情况作出的某些个别论断和具体行动纲领，我们就会因为思想脱离实际而不能顺利前

---

① 《中国共产党第十七次全国代表大会文件汇编》，人民出版社2007年版，第7页。
② 《江泽民文选》第3卷，人民出版社2006年版，第282页。

进，甚至发生失误。"① 要求我党必须始终坚持以马克思主义为指导，与时俱进，不断推进理论创新。二是必须立足于本国国情。苏联社会主义建设出现挫折的另一重要原因是脱离苏联国情，制定的政策超越了社会发展阶段。列宁时期，对苏维埃俄国建设社会主义的长期性有比较清醒的认识。他指出，苏维埃俄国"怎样实际地从旧的、习惯了的、大家都熟悉的资本主义向新的、还没有产生的、没有牢固基础的社会主义过渡，却是一个最困难的任务。这一过渡搞得好也需要许多年。"② 斯大林执政初期，对苏联国情的认识还是比较准确的，认为苏联社会仍处于从资本主义向社会主义过渡时期，并继续实行新经济政策。可事隔不久，斯大林就改变了这一正确认识。1936 年，斯大林宣布："我们苏联社会已经做到在基本上实现了社会主义，建立了社会主义制度，即实现了马克思主义者又称为共产主义社会第一阶段或低级阶段的制度。这就是说，我们已经基本上实现了共产主义第一阶段，即社会主义。"③ 1939 年斯大林又急于宣布向共产主义过渡。排斥商品、货币和市场，限制私人副业，大规模地合并集体农庄，急于从集体所有制过渡到全民所有制。赫鲁晓夫执政时期基本上继承了斯大林的把社会主义看做短暂阶段的思想，提出要在 20 年内（到 1980 年）基本上建成共产主义社会，也没有弄清楚苏联的基本国情。勃列日涅夫时期，放弃了 20 年内基本建成共产主义的提法，宣布苏联"已经建成发达的社会主义社会"。勃列日涅夫对苏联国情和社会发展阶段的认识比赫鲁晓夫现实了一些，但是在苏联的劳动生产率和人均国民收入还落后于发达资本主义国家的条件下，宣布苏联已经"进入"甚至"建成"发达社会主义社会，说明对苏联国情的认识仍然是超前的。戈尔巴乔夫时期，则完全放弃了社会主义。纵观苏联社会主义建设 70 多年的历史，长期处于脱离国情和超越社会发展阶段，使得苏联社会政治经济体制僵化。从 60 年代开始，苏联高速增长的经济开始下降，到第十个五年计划（1981－1985 年）时期，国民收入和社会总产值年均增长速度分别为 3.2% 和 3.3%，到第十一个五年计划（1986－1990 年）时期，又进一步分别下降为 1.3% 和 1.8%，经济发展实际上停滞不前。中国在长期社会主义实践中，对中国国情也缺乏清醒的认识，"大跃进"

---

① 《江泽民文选》第 3 卷，人民出版社 2006 年版，第 282～283 页。
② 《列宁全集》第 38 卷，人民出版 1986 年版，第 113 页。
③ 《斯大林选集》（下卷），人民出版社 1979 年版，第 399 页。

和"文化大革命"的发生都是在不切实际估计基本国情的基础上作出的错误决策,使国民经济遭受了严重挫折和重大损失。十一届三中全会后,在总结苏联和中国历史经验的基础上,中国共产党对中国的基本国情进行了重新认识,提出了我国处于并将长期处于社会主义初级阶段的论断。正是立足于社会主义初级阶段的基本国情,我国确立了"一个中心,两个基本点"的基本路线,逐步开辟了中国特色社会主义道路。三是必须坚持以经济建设为中心,坚持改革开放。苏东剧变的发生,从根本上来说,就是因为经济没有搞上去,人民的生活水平长期得不到提高,社会主义的优越性没有充分发挥出来。苏东剧变的教训告诉我们,社会主义国家搞建设应把主要精力放在发展经济上,通过改革开放,不断解放和发展生产力,不断提高人民生活水平,这样才能不断赢得人民的拥护与支持。四是要努力创造一个良好的外部环境。苏东剧变除了由于长期以来实施的错误的国内政策以外,与对外政策的失误也有密切关系。苏联在建国之初,客观上由于长期处于西方敌对势力的包围之中,加上苏联领导人对战争与革命形势的严重估计,战争的阴影始终困扰着苏联领导人和人民,苏联之所以建立高度集中、高度集权的政治经济体制,主要是为了适应战争形势的需要,结果造成经济发展缓慢,人民生活长期得不到改善。后来,随着新科技革命的发展,时代主题也在逐渐由革命与战争转向和平与发展,为苏联经济建设争取一个和平的国际环境是有可能的,但是苏联领导人并没有把握这一时代发展趋势,及时调整政策,而是继续与美国为首的资本主义国家搞军备竞赛,坐失了新技术革命提供的历史发展机遇,在与发达资本主义国家的竞争和较量中败下阵来。中国吸取了苏联解体的教训,科学把握国际形势和时代的发展变化,制定了正确的国际战略和外交政策,为国内的经济建设创造了良好的和平的国际环境特别是周边环境。

3. 促使中国共产党人对社会主义发展模式多样性的思考。社会主义模式是科学社会主义原则与各国具体实际相结合的产物和表现。由于社会主义各国的具体国情不同,生产力发展水平不同,无产阶级政党自身成熟程度的不同,阶级基础与群众基础的构成状况的不同以及历史文化传统的不同,等等。因此各国在建设社会主义的形式上、道路上,在实现社会主义原则的程度上,必然呈现出多样性的特点,社会主义没有一个固定不变的模式。对此,恩格斯晚年曾明确指出:"所谓'社会主义'不是一种一成不变的东西,而应当和任何其他社会制度一样,把它看成是经常变化和改革的社会。"① 列宁也曾指出,一切民族都将走向社会主义,这是不可避免的,但是一切民族走法都不一样,每个民族都会有自己的特点。但是,斯大林却把苏联社会主义模式固定化,认为苏联的经验具有普遍性,"是使社会主义获得胜利的唯一可能的和适当的道路"。② 要求其他社会主义国家照抄照搬苏联模式,反对和阻止各国探索适合本国国情的社会主义建设道路。苏共二十大上,由于赫鲁晓夫的秘密报告揭开了斯大林的盖子,暴露了苏联在社会主义建设上的失误和弊端,促使东欧和中国等社会主义国家开始重新思考社会主义的一些基本问题,并开始了改革的初步尝试。这些社会主义国家在20世纪50~80年代的改革和探索,为后来社会主义国家进一步探索适合本国国情的现代化道路提供了重要借鉴。但是,由于历史的局限性,这些国家对社会主义一些基本问题的认识还不可能达到今天的成熟程度。特别是由于苏联模式的影响根深蒂固,对社会主义模式是不是应该多样化存在分歧,加上苏联的大国沙文主义,致使这些国家的改革大都不成功,有的最终退回了原有的体制。苏东剧变后,中国共产党认真思考社会主义发展模式多样性问题,认为苏联解体、东欧剧变并不代表社会主义的失败,而只是说明社会主义的一种模式——苏联模式的失败。正是基于这样的认识,中国共产党不断探索适合本国国情的社会主义建设道路。反思苏联和东欧剧变的教训,使我们更加感受到:坚持社会主义,决不等于固守某种单一的模式;改革某种社会主义模式,决不能抛弃科学社会主义的基本原则。社会主义的优越性和强大生命力就在于社会主义模式的多样化,中国社会主义建设之所以在世界社会主义低潮时期取得巨大成就,就在于把马克思主义与本国国情和时代特征相结合,走出了一条具有中国特色的社会主义道路。

(三) 中国特色社会主义道路是应对资本主义的新变化的必然要求

当我们把20世纪社会主义的发展与20世纪资本主义的发展变化联系起来时,就会发现社会主义与资本主义之间的联系与影响是如此密切。社会主义运动的高涨与低落,社会主义的发展与改革,与资本主义的发展变化、内在矛盾的起伏跌宕有着一种客观的不以人的意志为转移的关系。第二次世界大战以来,由于新科技革命的推动以及资本主义自我调整与变革等因素,资本主义与

---

① 《马克思恩格斯选集》第4卷,人民出版社1995年版,第693页。
② 《斯大林文集》,人民出版社1985年版,第607页。

战前相比,在许多方面都发生了重要变化,由此给社会主义国家带来了巨大压力和严峻挑战,迫使社会主义国家必须以变革来应对资本主义的新变化,中国特色社会主义道路正是在这一背景下产生的。

1. 二战以来资本主义新变化的主要表现。二战以来的半个多世纪里,资本主义的变化是广泛而深刻的,不仅体现在生产力、生产关系、上层建筑等具体制度方面,而且还体现在经济社会的运行体制机制等方面:

(1) 社会生产力方面。在新科技革命的推动下,战后发达资本主义国家在生产力方面获得了巨大发展,高科技产业群迅速崛起,产业结构不断升级,劳动生产率大幅度提高,社会财富迅猛增长。其间虽然也曾出现过短期的动荡和危机,但总的来说经济保持了较长时期的相对稳定发展。据资料显示,从20世纪50年代中期到70年代中期,西方发达资本主义国家国民生产总值年均增长率达到了5.5%,到了90年代末,世界国民生产总值达到了30万亿美元,其中发达资本主义国家所占比例高达75%,而美国更是超群挺出,独占26.6%,人均国民生产总值达到3万多美元。

(2) 生产关系方面。战后资本主义的生产关系实现了从一般垄断到国家垄断的发展,国家垄断资本主义全面形成。战后资本主义国有经济有了新发展,虽然80年代一些国家出现了私有化浪潮,国有经济的比重有所下降,但仍约占整个经济的15%到20%左右,并已成为国家垄断资本主义的基础,在当代资本主义各国中发挥着举足轻重的作用。所有制形式实现了多样化,股份制经济成为普遍的经济组织形式,控制了整个国民经济的发展,并出现了股权分散化、资本社会化的趋势。单个股东所拥有的股权比重不断下降,一个股东掌握一个公司的4%或5%的股票实属少见,与过去的家族控股私人公司相比发生了巨大变化。在坚持按资分配的剥削制度前提下,收入分配政策不断得到调整,收入分配关系出现了兼顾公平的趋势;大力推行社会福利制度,社会保障体系趋于系统和完善。这在一定程度上缓和了社会矛盾。

(3) 上层建筑方面。战后资本主义国家都对上层建筑作了相应调整,使资本主义政治统治形式更加完善和精巧,这集中体现在四个方面:一是政治制度的民主化趋势增强,逐渐实现了政治制度与法制的有效结合。二战后,西方政治制度的运行实现了法律化,国家法制化程度大大提高。发达资本主义国家普遍加强了以宪法为核心的国家法律体系的建设,国家的政治、经济、文化以及社会生活的方方面面都有非常详尽的法律规定。国家通过宪法和法律,使国家权力的构成、权力结构中各权力主体的关系和活动都纳入法制化轨道。在当代发达资本主义国家里，法律具有至高无上的地位，不管什么人只要触犯了法律就要受到法律的追究与惩罚。但是，法律作为上层建筑的一部分，归根到底是由经济基础决定的，资本主义法律在本质上是为维护资本主义私有制服务的。二是国家管理经济和社会的职能不断增强。战后，发达资本主义国家在坚持分权制衡原则的同时，还在国家政权机构中加强了监督，协调职能，减少国家权力机构的内部矛盾，使国家权力机构能够更有效地运作。国家阶级统治的政治职能趋于隐蔽，而调节社会各阶层矛盾方面的作用越发突出。三是资产阶级的民主形式进一步扩大。战后，资本主义国家公民权利进一步扩大，公民政治参与的形式、程度、范围和渠道都有了很大发展。国家更加注重通过扩大公民的政治参与，来疏导和减少社会压力和冲突，缓和阶级矛盾。四是意识形态中左翼和右翼的分歧逐渐减弱，多元化的价值取向更加鲜明。

（4）社会阶级结构方面。战后，资本主义国家的阶级结构日趋复杂化和多层次化。虽然两大相互直接对立的阶级：资产阶级和无产阶级依然存在，但是内部结构都出现了较大变化。对于资产阶级来说，传统意义上的资本家即家族资本家依然存在，但同时又涌现出大量新型资本家即经理资本家，而且人数迅速增加、作用不断上升，已经构成了当代资产阶级中的主要组成部分。对于无产阶级而言，随着新科技革命的发展，资本主义劳动生产率不断提高、产业结构和经济结构不断调整升级，无产阶级的结构也随之发生了很大变化。传统意义上的工人阶级即主要还是从事着工业和农业领域笨重的体力劳动的工人阶级依然存在，但其数量迅速下降。而拥有较高科学文化水平的知识分子包括普通工程师等技术人员在内的白领工人比例大大提高，成为工人阶级的重要组成部分。从资产阶级和无产阶级中分化出来的新的社会力量即中产阶级的出现，集中反映了当代资本主义阶级结构的复杂化。这里的"中产阶级"不是一个划分阶级的概念，而是衡量人们生活水平和质量的概念。中产阶级一般是指收入稳定，有良好的教育，生活富庶安逸的中间阶层。在当代资本主义国家里，绝大多数的人都处于中产阶级的生活水平。上述阶级结构的变化，导致阶级关系和工人运动也随之发生变化：阶级矛盾有所缓和，目前还难以形成高涨的革命形势，资本主义还会长期处于相对的稳定之中。

尽管资本主义发生了新变化，一定程度上缓和了资本主义社会的矛盾，延缓了资本主义灭亡的时间，但是并没有改变资本主义的根本制度，因而也就不能最终改变资本主义必然灭亡的历史命运。近年来，资本主义爆发的金融危机，再次证明了资本主义社会的基本矛盾是无法从根本上调和的。因此，社会主义代替资本主义是人类社会发展的必然趋势。

2. 中国特色社会主义道路是对资本主义新变化的主动回应。资本主义必然灭亡，社会主义必然胜利，这是不以人的意志为转移的历史规律。但是客观规律指的是历史发展的总趋势，就现实状况而言，由于资本主义的新变化，缓解了资本主义社会的矛盾，使资本主义与社会主义长期共存，既竞争又合作，将是今后很长一个历史时期的发展态势。而发达资本主义国家以其超强的经济实力和先进的科学技术，进一步确定了它们在整个世界体系中的主导地位，对社会主义构成了巨大的挑战和冲击，社会主义国家在与资本主义国家的较量中，明显处于弱势和不利地位。因此，社会主义国家要赢得与资本主义相比较的优势，就必须改变传统的发展理念与发展道路。以"一个中心、两个基本点"为核心的中国特色社会主义道路的产生就是中国应对资本主义新变化的一种必然选择。

一是必须进行改革与创新，不断激发社会主义的生机与活力。中国在十一届三中全会后，自觉走向改革的道路与战后资本主义出现新变化有着密切的关系。资本主义国家新科技革命及其带来的生产力的重大变革，给社会主义带来了巨大挑战，传统社会主义体制已无法解决生产力进一步发展必须解决的动力问题，从而严重阻碍了经济的发展，抑制了人们建设社会主义的积极性和创造性，使社会主义的生存和发展面临严峻考验。因此，改革社会主义生产关系中不适应生产力发展的环节和方面，不断推进体制机制创新，就成为社会主义生存发展的首要前提。正因为如此，十一届三中全会才把改革作为决定中国命运的重大决策提了出来。正如邓小平后来所指出的："旧的那一套经过几十年的实践证明是不成功的。过去我们搬用别国的模式，结果阻碍了生产力的发展，在思想上导致僵化，妨碍人民和基层积极性的发挥……中国社会从1958年到1978年20年间，实际上处于停滞和徘徊的状态，国家的经济和人民的生活没有得到多大的发展和提高。这种情况不改革行吗？"[①] 党的十一届三中全会以来，改革从农村发展到城市，从经济领域发展到政治、文化和社会生活等各个领域，极大地解放和发展了社会生产力，使社会主义在中国真正活跃起来。

---

① 《邓小平文选》第3卷，人民出版社1993年版，第237页。

二是实施对外开放战略,主动融入世界发展的潮流之中,抓住机遇发展自己。在过去相当长的时间里,由于我们缺乏对资本主义新变化的正确认识,片面强调社会主义与资本主义在根本制度、意识形态方面的对立和斗争,对资本主义采取了简单排斥的态度,结果自我封闭于资本主义的现代文明之外,延缓了经济发展。这种闭关自守造成的严重后果,就是建国30年来我们不仅与发达国家的距离没有缩小,反而拉大,就是与周边国家相比我们也被甩在了后面。改革开放,我们打开国门之后,我们直接感受到了资本主义发展的咄咄逼人,尤其是我们周边的亚洲四小龙的迅猛发展带来的直接压力。邓小平曾深刻指出:"过去我们比上不足、比下有余,现在比下也有问题了。"① "三十几年的经验教训告诉我们,关起门来搞建设是不行的,发展不起来。"② 社会主义要赢得与资本主义相比较的优势,就必须大胆吸收和借鉴人类社会创造的一切文明成果,吸收和借鉴当今世界各国包括资本主义发达国家的一切反映现代社会化生产规律的先进经营方式、管理方法。这就必须坚持对外开放,不但向发达国家开放,而且要向广大发展中国家开放,向世界上一切国家开放。正是在深刻总结历史经验的基础上,1978年底党的十一届三中全会拉开了中国对外开放的序幕。坚持对外开放,充分借鉴和吸收资本主义的一切文明成果,积极参与国际分工和国际竞争,主动加入经济全球化的进程中。从根本上说,从最初的创办经济特区、发展"三资"企业到全方位、多层次、宽领域的开放格局的形成,是我国积极应对资本主义新变化的正确选择。

三是坚持以经济建设为中心,牢牢把握发展这一主题,通过经济的发展来赢得与资本主义比较的优势。坚持以经济建设为中心,通过发展的办法来解决中国的所有问题,特别是通过发展生产力来赢得与资本主义比较的优势,是邓小平在正确认识社会主义,正确认识资本主义之后反复强调的基本结论。1979年11月26日,邓小平会见美国不列颠百科全书出版公司编委会副主席吉布尼时指出:"当然我们不要资本主义,但是我们也不要贫穷的社会主义,我们要发达的、生产力发展的、使国家富强的社会主义。我们相信社会主义比资本主义的制度优越。它的优越性应该表现在比资本主义有更好的条件发展社会生产

---

① 《邓小平文选》第3卷,人民出版社1993年版,第369页。
② 同上书,第64页。

力。"① 1987年2月28日,他在会见加蓬总统邦戈时又指出:"最终说服不相信社会主义的人要靠我们的发展。如果我们本世纪内达到了小康水平,那就可以使他们清醒一点;到下世纪中叶我们建成中等发达水平的社会主义国家时,就会大进一步地说服他们,他们中的大多数人才会真正认识到自己错了。"②同年4月26日,在会见捷克斯洛伐克总理什特劳加尔时,再次指出:"坚持社会主义,首先要摆脱贫穷落后状态,大大发展生产力,体现社会主义优于资本主义的特点。要做到这一点,就必须把我们整个工作的重点转到建设四个现代化上来,把建设四个现代化作为几十年的奋斗目标。"③邓小平在不同的场合多次强调这一思想,足见他对这一问题的高度重视。1992年,在南方谈话中进一步提出"发展才是硬道理"的思想。正是基于这样的认识,十一届三中全会我们就果断停止了以阶级斗争为纲的错误理论与实践,把党和国家的工作重点转移到以经济建设为中心的正确轨道上来,并不断丰富发展这一理论。总之,从改革开放之初确立以经济建设为中心到南方谈话提出发展是硬道理、从世纪之交提出发展是执政兴国的第一要务再到以人为本,全面、协调、可持续的科学发展观的全面实施,这都是我们党正确认识社会主义,积极应对资本主义的挑战与压力的根本措施。

　　四是在吸收资本主义创造的一切文明成果的同时,必须坚持四项基本原则,反对全盘西化。社会主义运动的经验教训和资本主义的新发展表明,社会主义要赢得与资本主义相比较的优势,就必须大胆吸收和借鉴资本主义的积极文明成果,否则就难以推动社会主义的快速发展,难以体现社会主义制度的优越性。但是吸收和借鉴资本主义的文明成果,不是要走资本主义道路。不是搞全盘西化。我们要吸收的资本主义文明成果,主要指那些不带有社会制度性质的文明成果,如先进的科学技术、科学的经营方法和管理经验;虽然是资本主义所用的,但是可以为我所用的,如市场经济体制、资本主义国家文化、教育、卫生、环保优点和长处以及政府管理的有益作法,如法治、公务员制度,等等。但是,我们决不能丢掉社会主义的根本原则和制度,不能照搬西方的民主模式,搞全盘西化。对此,在改革开放之初,邓小平就旗帜鲜明地提出:我

---

① 《邓小平文选》第2卷,人民出版社1994年版,第231页。
② 《邓小平文选》第3卷,人民出版社1993年版,第204页。
③ 同上书,第224页。

们要在中国实现四个现代化,必须在思想政治上坚持四项基本原则。这是实现四个现代化的根本前提。如果动摇了四项基本原则中的任何一项,那就动摇了整个社会主义事业,整个现代化建设事业。此后,邓小平一再强调:中国要搞现代化,绝不能搞自由化,绝不能走西方资本主义道路,正如他所说的:"反对资产阶级自由化,坚持四项基本原则,这不能动摇。这一点我任何时候都没有让过步。"① 后来,他又反复强调:"一个公有制占主体,一个共同富裕,这是我们所必须坚持的社会主义的根本原则。我们就是要坚决执行和实现这些社会主义的原则。"② 1989 年,面对苏联、东欧的混乱局势,邓小平再次指出:"别人的事情我们管不了,只讲一个道理:中国的社会主义是变不了的。中国肯定要沿着自己选择的社会主义道路走到底。"③ 中国在改革开放的过程中始终坚持社会主义方向与利用资本主义统一起来,使中国始终沿着中国特色社会主义道路一路前行。

---

① 《邓小平文选》第 3 卷,人民出版社 1993 年版,第 299 页。
② 同上书,第 111 页。
③ 同上书,第 320~321 页。

第二章

中国特色社会主义道路的科学内涵和基本特征

中国特色社会主义道路是中国共产党领导中国人民在改革开放的实践中，总结中国长期社会主义建设历史经验，借鉴世界社会主义运动经验教训，开辟的一条在一个经济文化比较落后的农业大国中实现社会主义现代化的路径和航向，是中国特色社会主义的实践载体，是科学社会主义基本原则在当代中国的体制模式，是社会主义社会形态在当代中国的具体体现。

一、中国特色社会主义道路的科学内涵与社会形态

（一）中国特色社会主义道路的科学内涵

中国特色社会主义道路的科学内涵的提出是一个长期的历史过程。1978年12月，党的十一届三中全会实现了新中国成立以来党最伟大的历史转折。从此，中国社会主义建设进入了改革开放的新时期，揭开了开辟中国特色社会主义道路的序幕。1982年9月，党的十二大上首次提出"走自己的路，建设有中国特色的社会主义"这一崭新的科学命题。十二大以后改革开放全面展开，中国特色社会主义道路迈出实质性步伐。党的十七大在十三大、十四大、十五大、十六大相继提出党在社会主义初级阶段的基本理论、基本路线、基本纲领、基本经验的基础上，首次对中国特色社会主义道路的基本内涵作了科学完整的表述，明确指出："中国特色社会主义道路，就是在中国共产党领导下，立足基本国情，以经济建设为中心，坚持四项基本原则，坚持改革开放，解放和发展社会生产力，巩固和完善社会主义制度，建设社会主义市场经济、社会主义民主政治、社会主义先进文化、社会主义和谐社会，建设富强民主

明和谐的社会主义现代化国家"。① 概括起来就是坚持"一个中心、两个基本点"的有机统一、"四位一体"的总体布局和建设目标。

首先,党的领导是政治保证。中国特色社会主义道路是中国共产党领导人民长期探索、奋力开拓的。中国共产党不仅是中国特色社会主义道路的开辟者,也是这条道路向前发展的领导者,是我们推进事业发展、战胜前进道路上各种艰难险阻,实现富强民主文明和谐社会主义现代化目标的关键。只有坚持共产党的领导,才能保证改革开放和社会主义现代化建设事业的正确方向并为之创造一个安定团结、稳定和谐的社会政治局面,离开共产党的领导,中国就会走上非社会主义的邪路。同时,在长期革命和建设实践中形成的优良传统和作风,使党具有无可比拟的政治优势,能最大限度地调动全国各族人民的积极性和创造力,为中国特色社会主义道路的发展提供不竭的力量源泉。从革命到建设时期,中国共产党作为无产阶级政党,始终坚持与时俱进的治党治国理念。进入全面建设小康社会新时期后,我们党始终坚持以改革创新精神加强自身建设,把党的执政能力和先进性建设作为主线,把发展作为党执政兴国的第一要务,坚持科学发展,不断为中国特色社会主义道路开拓更为广阔的发展前景。中国共产党是中国特色社会主义事业的坚强领导核心,坚持党的坚强领导是中国人民历史和现实的必然选择。

其次,基本国情是客观基础。初级阶段社会主义是当代中国的特殊国情和最大实际,中国特色社会主义道路就是在这样一个客观基础上形成和进一步拓展的。立足基本国情,首先必须明确我国现在已经是社会主义社会,我们必须坚持而不能离开社会主义,不能倒退到新民主主义社会或过渡时期,补所谓的"资本主义的课",更不能搞什么"全盘西化",倒退和走邪路都是错误的,只能葬送社会主义。同时,我们又要清醒地认识到,我国依然处于不发达阶段,是不成熟、"不够格"的社会主义。虽然新中国成立以来特别是改革开放以来,我国社会主义现代化建设取得了举世瞩目的发展成就,但我国仍处于并将长期处于社会主义初级阶段的基本国情没有变,人民日益增长的物质文化需要同落后的社会生产之间的社会主要矛盾没有变。党的十七大报告从八个方面对我国现阶段面临的阶段性特征进行了全面准确的概括,这些阶段性特征充分表明,我国仍处于并将长期处于社会主义初级阶段。我们在改革开放和现代化建

---

① 《中国共产党第十七次全国代表大会文件汇编》,人民出版社2007年版,第11页。

设中，必须从这个最基本的客观实际出发，既不能期望过高，急于求成，做超越阶段的事情；也不能自甘落后，无所作为，而是要始终保持清醒头脑，深刻把握中国特色社会主义发展面临的新课题新矛盾，更加自觉地走科学发展道路，奋力开拓中国特色社会主义道路的新局面。

　　第三，"一个中心，两个基本点"的基本路线是核心和生命线。以经济建设为中心是兴国之要，是我们党、我们国家兴旺发达和长治久安的根本要求。按照历史唯物主义观点，生产力决定生产关系，经济基础决定上层建筑。任何一种社会制度的巩固和发展，归根到底，取决于社会生产力的发展，取决于它能否创造比过去社会更高的劳动生产率，能否具有比过去社会更高水平的物质基础。社会主义的优越性归根到底要体现在它的生产力比资本主义发展得更快一些、更高一些，并且在发展生产力的基础上不断改善人民的物质文化生活。对处于并将长期处于社会主义初级阶段的中国来说，尤其要把集中力量发展社会生产力摆在首要地位。我国人口多，人均资源占有量少，同发达国家相比，还处于相对落后状态，经济、政治、文化和社会生活各方面存在着种种矛盾，由于国际国内因素的影响，阶级矛盾还将在一定范围内长期存在，但在整个社会主义初级阶段，我国社会的主要矛盾是人民日益增长的物质文化需要同落后的社会生产之间的矛盾。这就决定了社会主义的根本任务是发展生产力，决定了我们必须把经济建设作为全党全国工作的中心，各项工作都要服从和服务于这个中心。虽然经济发展不是发展的全部，但却是最核心、最基本的内容。只有牢牢抓住这个主要矛盾和工作中心，才能清醒地观察和把握社会矛盾的全局，为其他各种社会矛盾的解决提供了根本的物质基础，才能不断满足人民日益增长的物质文化生活需要，才能推动社会的全面进步，才能从根本上巩固和发展社会主义制度。发展是硬道理，中国解决所有问题的关键在于依靠自己的发展。国家的昌盛，人民的富裕，说到底是经济实力问题。国际竞争，说到底也是经济实力的竞争。只有经济发展了，经济实力和综合国力增强了，人民的生活才能不断得到改善，国家才能长治久安，促进社会全面进步和人的全面发展才有坚实的物质基础，我们才能在国际格局中占据更加有利的地位。邓小平在改革开放之初就指出："讲社会主义，首先就要使生产力发展，这是主要的。只有这样，才能表明社会主义的优越性。社会主义经济政策对不对，归根到底要看生产力是否发展，人民收入是否增加。这是压倒一切的标准。"① 改革开放以来，我们正是由于牢牢把握住经济建设这个中心，坚持聚精会神搞建设、一心一意谋发展，不断解放和发展社会生产力，才使我国的综合国力，人民生活水平不断改善，国际地位空前提高，国际影响力越来越强。

当然，在强调坚持以经济建设为中心的同时，必须正确处理好经济工作与其他工作的辩证关系，要坚持"两手抓，两手都要硬"的方针，必须把坚持经济建设为中心与全面协调可持续发展有机统一，什么时候都不能离开经济建设这个中心搞政治文明建设、精神文明建设和社会文明建设，什么时候也不能以牺牲政治文明、精神文明和社会文明以及生态文明为代价来换取经济的一时发展。这也是以经济建设为中心的题中应有之意。这就要求我们在实践中，既要坚持以经济建设"一个中心"不动摇，又要防止片面强调经济建设，而忽视政治、文化、社会以及生态文明建设。我们必须在坚持经济建设这个中心的基础上，统筹各方面发展，促进全面进步，真正做到把以经济建设为中心与以人为本、全面协调可持续发展有机统一起来，真正做到发展为了人民，发展依靠人民，发展成果由人民共享。

四项基本原则是立国之本，是我们党和国家生存发展的政治基石。坚持四项基本原则，是指必须坚持社会主义道路；必须坚持人民民主专政；必须坚持共产党的领导；必须坚持马列主义、毛泽东思想。四项基本原则是科学社会主义的基本原则，也是我国建设社会主义的立国之本，是我国根本区别于历史上的封建主义中国和资本主义国家的主要标志，是当代中国发展进步的根本政治前提和制度基础。坚持四项基本原则，就是要保证改革开放和现代化事业的社会主义性质和正确方向。我国的改革开放和现代化建设事业是在国际国内特别复杂的政治和社会环境中进行的。因此，在我们改革开放和现代化建设的过程中，始终面临着一个坚持正确的政治方向的问题。如果离开了四项基本原则，或者四项基本原则坚持得不好，那就会在政治方向、政治保障上出问题，我们的现代化事业就不能成功。东欧剧变、苏联解体的教训也说明，放弃了社会主义道路，放弃了无产阶级专政，放弃了共产党的领导地位，放弃了马列主义，总之，放弃了所有这些对社会主义制度生死攸关的东西，社会主义制度就会被葬送，就会发生亡党亡国的历史悲剧。

---

① 《邓小平文选》第2卷，人民出版社1994年版，第314页。

坚持四项基本原则，必须要随着时代进步和改革、建设发展不断赋予其新的内涵。我们对四项基本原则的认识不能停留在对马克思主义的一些不科学的甚至扭曲的认识上，也不能停留在改革开放前那些超越社会主义初级阶段的不正确的政策上。坚持四项基本原则，不能简单地把它看成凝固不变的教条生搬硬套。我们坚持的社会主义道路是把马克思主义基本原理与中国实际和时代特征相结合的中国特色社会主义道路，不是传统模式的社会主义道路；我们坚持的人民民主专政是党的领导，人民当家做主与依法治国有机统一的社会主义民主政治道路，而不是高度集权的政治体制；我们坚持的共产党的领导是指党在建设中国特色社会主义事业中，发挥总揽全局、协调各方的作用，是与加强与改善党的领导相统一的，而不是党政不分，以党代政的领导模式；我们坚持的马列主义毛泽东思想是指既要坚持马克思主义的指导地位不动摇，又要在实践中不断丰富和发展马克思主义，而不是教条式的对待马列主义毛泽东思想。在当代中国，坚持马列主义毛泽东思想就是坚持马克思主义中国化第二次历史飞跃的理论成果——中国特色社会主义理论体系，就是用这个理论体系指导改革开放和中国社会主义现代化事业。

改革开放是强国之路。改革开放是党在新的时代条件下带领人民进行的新的伟大革命，是解放和发展生产力，促进党和国家发展进步的活力源泉，是巩固和完善社会主义制度，发展中国特色社会主义的强大动力。就改革来说，我国实行的是系统配套的整体改革，它在经济、政治、文化、科技、军事、外交等领域的全面展开和深入推进，为当代中国社会总体文明发展不断地扫除障碍、注入活力，开辟越来越广阔的前景。改革并不是要改变社会主义制度，而是在坚持基本制度下改革某些具体体制和机制，是改革那些阻碍、不适应或不完全适应生产力的经济基础和上层建筑部分。就开放来说，我国实行的是宽领域、多层次、全方位的大开放，是推动中国以顺应时代大势的姿态主动融入世界文明发展进程。积极吸取人类创造的一切优秀的文明成果为我所用，既是中华民族自立于世界民族之林的重要条件，也是把中国特色社会主义事业推向前进的基本前提。新时期以来我国改革开放的历史，就是锐意推进体制机制的改革创新，使社会主义制度真正进入自我完善和发展轨道的历史。这场历史上从未有过的大改革大开放，使我国成功实现了从高度集中的计划经济体制到充满活力的社会主义市场经济体制、从封闭半封闭到全方位开放的伟大历史转折。30多年来，改革开放这一新的伟大革命极大地解放和发展了社会生产力，充分调动了亿万人民的积极性，谱写了中华民族自强不息、顽强奋进的新篇章，使中国发生了历史性巨变。事实雄辩地证明，改革开放是发展中国特色社会主义、实现中华民族伟大复兴的必由之路；只有社会主义才能救中国，只有改革开放才能发展中国、发展科学社会主义。在新世纪新阶段，我国社会生产力发展还面临诸多体制性障碍。社会主义市场经济体制已初步建立，但还不成熟、不完善，旧的体制机制中的一些积弊尚未完全消除，改革和发展过程中也不断产生新课题、新矛盾，经济、政治、文化、社会的发展仍然依赖于体制的改革与创新，仍然依赖于继续创造出适应社会生产力发展要求的良好的政策和体制环境条件。因此，在新的更加艰巨繁重的任务、新的更加错综复杂的环境面前，我们必须坚定信念：坚决走充满生机活力的新路，决不走封闭僵化的老路，也决不走改旗易帜、放弃共产党领导、放弃社会主义的邪路。唯有坚持改革开放的必由之路，始终做到不动摇、不懈怠、不折腾，我们才能引领中国特色社会主义伟大事业的航船乘风破浪，驶向更加光辉的未来。

以经济建设为中心、坚持四项基本原则、坚持改革开放，三者相互联系、相互依存、内在统一于中国特色社会主义建设的伟大实践中。以经济建设为中心是奠定坚持四项基本原则和坚持改革开放的物质基础。离开经济建设这个中心，人民生活就不可能不断得到改善，社会主义社会的一切发展和进步就会失去物质基础。四项基本原则是我国经济社会发展和改革开放的根本政治保障。我国的经济建设和改革开放，是为了不断巩固和发展社会主义的物质基础，不断改善最广大人民群众的生活，最终实现共同富裕。这就决定了经济建设和改革开放不能偏离社会主义方向和道路，不能没有中国化马克思主义的指导，不能脱离中国共产党的领导，不能削弱人民民主专政的国家制度。离开四项基本原则，经济建设和改革开放就会迷失方向。改革开放是我们党和国家发展进步的活力源泉，通过改革开放赋予四项基本原则新的时代内涵和经济建设的强大动力。"一个中心、两个基本点"，是相互贯通、相互依存、不可分割的统一整体，须臾不可偏离、丝毫不可偏废，必须全面坚持、一以贯之。

第四，"四位一体"的总体布局以及生态文明建设是基本内容。中国特色社会主义总体布局的形成经历了一个从"二大文明——三大文明——四位一体"的发展过程。1979年，叶剑英在庆祝中华人民共和国成立30周年的重要讲话中，明确提出："我们要在建设高度物质文明的同时，提高全民族的教育科学文化水平和健康水平，树立崇高的革命理想和革命道德风尚，发展高尚的丰富多彩的文化生活，建设高度的社会主义精神文明。"① 这里虽然没有提出总体布局的概念，但他提出的两个文明建设问题，实际上就是要从总体上把握社会主义现代化建设的布局问题。1982年党的十二大明确提出了"三步走"的现代化建设战略部署，并且提出了包括经济富强、政治民主、精神文明在内的三位一体的现代化建设总体格局。1986年9月党的十二届六中全会通过了《中共中央关于社会主义精神文明建设指导方针的决议》，第一次明确提出了"总体布局"这一概念。决议指出："我国社会主义现代化建设的总体布局是：以经济建设为中心，坚定不移地进行经济体制改革，坚定不移地进行政治体制改革，坚定不移地加强精神文明建设，并且使这几个方面互相配合，互相促进。"② 从而使中国特色社会主义总体布局的基本框架初步构成。此后，党的十三大、十四大都坚持了这一基本思想。1997年党的十五大围绕社会主义现代化建设的总目标，在党的基本理论、基本路线的基础上，制定了建设中国特色社会主义经济、政治、文化的基本纲领，从而使"三位一体"的现代化建设格局更加明晰而深入。进入新世纪新阶段，面对错综复杂的国际形势和不断变化的国内格局，我们党顺应历史发展和时代变化的要求，正式提出了构建社会主义和谐社会的命题，使社会主义现代化建设的总体布局，由经济建设、政治建设、文化建设的"三位一体"深化拓展为包括和谐社会建设在内的"四位一体"，丰富了社会主义现代化建设的战略思想。2005年，胡锦涛在省部级主要领导干部专题研讨班的重要讲话中第一次明确地提出："随着我国经济社会的不断发展，中国特色社会主义事业的总体布局，更加明确地由社会主义经济建设、政治建设、文化建设三位一体发展为社会主义经济建设、政治建设、文化建设、社会建设四位一体。"③ 第一次提出"社会建设"的概念。由此拓展深化了现代化建设的战略格局，也表明我们党对社会主义建设规律的认识越来越深刻。2007年，在党的十七大报告中，胡锦涛提出了实现全面建设小康社会奋斗目标的新要求，特别是提到要建设"生态文明"，并首次把这个概念写入了党代会的政治报告。这是我们党执政兴国理念的新发展，至此，中国特色社会主义道路的总体布局更加全面。

---

① 《三中全会以来重要文献选编》（上），人民出版社1982年版，第234页。
② 《十二大以来的重要资料选编》（下），人民出版社1988年版，第1173～1174页。
③ 《十六大以来重要文献选编》（中），中央文献出版社2006年版，第696页。

"四位一体"以及生态文明建设是紧密联系、相互促进，密不可分的一个整体，其中，经济建设是核心，政治建设是保证，文化建设是支撑，社会建设是本质要求，生态建设是基础。推进我国社会主义现代化建设，就要坚持以经济建设为中心，促进生产力与生产关系、经济基础与上层建筑相互协调，全面推进政治建设、文化建设、社会建设以及生态文明建设共同发展。

第五，建设富强民主文明和谐的社会主义现代化国家是最终目标。"富强民主文明和谐"的发展目标，是自新中国成立以来我们党对我国社会主义现代化建设规律的认识不断深化的结果，是随着我国改革开放和现代化建设的逐步展开而清晰和丰富起来的。早在上世纪50年代，毛泽东就提出，要调动一切积极因素把我国建设成强大的社会主义国家；1964年，周恩来在三届人大一次会议上所作的政府工作报告中，进一步明确提出把我国建设成为具有现代农业、现代工业、现代国防和现代科学技术的社会主义强国。改革开放初期，邓小平在毛泽东、周恩来探索的基础上，从我国的基本国情出发，设计了分三步走基本实现现代化的宏伟蓝图：第一步，用十年时间到1990年，实现国民生产总值比1980年翻一番，解决人民的温饱问题；第二步，到20世纪末，国民生产总值再翻一番，人民生活达到小康水平；第三步，到21世纪中叶，人均国民生产总值达到中等发达国家水平，人民生活比较富裕，基本实现现代化。上世纪末，江泽民在党的十五大对第三步战略目标提出了新的"三步走"的发展规划，即"第一个十年实现国民生产总值比2000年翻一番，使人民的小康生活更加富裕，形成比较完善的社会主义市场经济体制；再经过十年的努力，到建党一百年时，使国民经济更加发展，各项制度更加完善；到21世纪中叶，建国一百年时，基本实现现代化，建成富强民主文明的社会主义现代化国家。"① 党的十六大又将前两步目标合并为一个目标，即全面建设小康社会的奋斗目标。2006年召开的党的十六届六中全会，明确把中国特色社会主义发展的目标完善为"把我国建设成为富强民主文明和谐的社会主义现代化国家"。② 这一表述写进了党的十七大报告和新修订的党章，使社会主义现代化建设目标更加全面，更加丰富，更加具体，更加激励人心。建设"富强民主文明和谐的社会主义现代化国家"，是从中国特色社会主义事业总体布局和全

---

① 《十五大以来重要文献选编》（上），人民出版社2000年版，第4页。
② 《十六大以来重要文献选编》（下），人民出版社2008年版，第671页。

面建设小康社会全局出发提出的重大战略任务，反映了中国特色社会主义四位一体总体目标的本质要求，展示了中国特色社会主义道路的美好前景，体现了全党全国各族人民的共同愿望。

通过上述解析可以看出，中国特色社会主义道路是一个内涵丰富，内在逻辑严密的有机统一整体。其中，党的领导、立足国情、"一个中心，两个基本点"是前提和基础；"四位一体"总体布局是基本内容，是中国特色社会主义道路的具体展开；富强民主文明和谐的社会主义现代化发展目标是宏伟蓝图，是中国特色社会主义道路的努力方向。

（二）中国特色社会主义道路的社会形态

中国特色社会主义道路是中国特色社会主义的伟大实践，是一个相当长的历史阶段。从纵向看体现为社会主义运动在中国的历程、路径和航向，是一种动态的发展过程；从横向看则体现为具有相对稳定的社会属性的社会形态，是社会主义社会形态在当代中国的具体化，是相对静止的状态。正确理解和科学把握中国特色社会主义道路要求我们既要从纵向上去认识又要从横向上去考察。

1. 揭示人类社会发展规律及其基本进程的社会形态理论，是马克思主义唯物史观的核心内容，是认识和把握一个社会的社会性质和基本状态的根本依据。所谓社会形态是指一定历史发展阶段上的生产关系的总和，也指一定历史发展阶段上的经济基础及其相适应的上层建筑的统一。马克思主要从生产力和生产关系的相互作用，特别是从生产关系中占支配地位的所有制形式来说明一定的社会形态。1859年，马克思在《政治经济学批判序言》中指出："社会的物质生产力发展到一定阶段，便同它们一直在其中运动的现存生产关系或财产关系（这只是生产关系的法律用语）发生矛盾。于是这些关系便由生产力的发展形式变成生产力的桎梏。那时社会革命的时代就到来了。随着经济基础的变更，全部庞大的上层建筑也或慢或快地发生变革。"① "大体说来，亚细亚的、古代的、封建的和现代资产阶级的生产方式可以看做是经济的社会形态演进的几个时代。"② 加上未来共产主义社会（社会主义社会是共产主义社会的第一阶段）这样，人类社会就被划分为五种社会形态，既原始社会、奴隶社

---

① 《马克思恩格斯选集》第2卷，人民出版社1995年版，第32~33页。
② 同上书，第33页。

会、封建社会、资本主义社会和共产主义社会。马克思在《序言》中同时指出："无论哪一个社会形态，在它所能容纳的全部生产力发挥出来以前，是决不会灭亡的；而新的更高的生产关系，在它的物质存在条件在旧社会的胎胞里成熟以前，是决不会出现的。"① 马克思主义关于人类社会五种社会形态划分的基本理论，展现了人类社会从低到高循序渐进的发展过程，揭示了人类社会的发展是一个不以人的意志为转移的客观规律。但是，马克思主义关于五种社会形态划分的理论是对人类社会发展一般规律的抽象概括，而不是对整个人类社会发展现实过程的描述，更不是为人类社会设计了一个永恒不变的发展轨迹。马克思、恩格斯在阐述人类社会发展一般规律的同时，丝毫也没有排斥一些民族或国家在人类社会演进过程中表现出的特殊性。例如，马克思晚年通过对东方社会的研究，认为俄国能够跨越资本主义制度的"卡夫丁峡谷"，直接进入社会主义社会。1881 年 3 月，马克思在致俄国革命家查利奇的复信（初稿）中表达了这一思想。他指出："俄国是在全国范围内把'农业公社'保存到今天的欧洲唯一的国家。它不像东印度那样，是外国征服者的猎获物。同时，它也不是脱离现代世界孤立生存的。一方面，土地公有制使它有可能直接地、逐步地把小地块个体耕作转化为集体耕作……另一方面，和控制着世界市场的西方生产同时存在，就使俄国可以不通过资本主义制度的卡夫丁峡谷而把资本主义制度所创造的一切积极的成果用到公社中来。"② 时隔不到一年，即 1882 年 1 月，马克思在与恩格斯合著的《共产党宣言》俄文版序言中，进一步公开表达这一思想主张。《序言》指出，"《共产党宣言》的任务，是宣告现代资产阶级所有制必然灭亡。但是在俄国，我们看见，除了迅速盛行起来的资本主义狂热和刚开始发展的资产阶级土地所有制外，大半土地仍归农民公共占有。那么试问：俄国公社，这一固然已经大遭破坏的原始土地公共所有制形式，是否能够直接过渡到高级的共产主义的公共所有制形式呢？或者相反，它还须经历西方的历史发展所经历的那个瓦解过程呢？对于这个问题，目前唯一可能的答复是：假如俄国革命将成为西方无产阶级革命的信号而双方互相补充的话，那么现今的俄国土地公共所有制便能成为共产主义发展的起点。"③ 马

---

① 《马克思恩格斯选集》第 2 卷，人民出版社 1995 年版，第 33 页。
② 《马克思恩格斯选集》第 3 卷，人民出版社 1995 年版，第 765 页。
③ 《马克思恩格斯选集》第 1 卷，人民出版社 1995 年版，第 251 页。

克思、恩格斯的上述论述表明，他们认为俄国可以跨越资本主义的充分发展阶段，而直接跃进到社会主义社会。1894年，恩格斯在《"论俄国的社会问题"跋》一文中又强调指出：这一论断"不仅适用于俄国，而且适用于处在资本主义以前的阶段的一切国家"。① 马克思、恩格斯的关于俄国可以跨越资本主义制度的"卡夫丁峡谷"的思想，从另一个侧面表明他们在揭示人类社会发展中一般要经历五种社会形态这一客观规律的同时，并不排除个别国家和民族在历史发展演进中出现的特殊性。正如列宁所指出的："世界历史发展的一般规律，不仅丝毫不排斥个别发展阶段在发展的形式或顺序上表现出特殊性，反而是以此为前提的。"② 事实上，从现实的人类社会发展进程看，由于各个民族和国家所处的社会历史条件不同，一些民族和国家的历史发展过程并不是笔直的、顺利的、完全相同的，而是极其复杂的、曲折的、路径各异的，不是每个民族或国家的发展都依次经历了马克思主义提出的五种社会形态。特别是在人类社会进入世界历史之后，由于各个民族或国家之间的相互联系、相互交往的日益加深，任何一个民族或国家都不可避免地要受到其他民族或国家的影响，致使某些民族或国家在发展过程中表现出各种复杂的现象，从而改变这些民族或国家正常的发展轨道。例如，日耳曼、斯拉夫民族没有经历奴隶制，直接由公社所有制发展为中世纪的农奴制，美国没有经历封建社会而直接进入资本主义社会。中国也是在特殊的历史条件下走上社会主义道路的。1840年鸦片战争以来，由于外国帝国主义的入侵，打断了中国经济发展的自然进程，使中国由一个封建社会进入到一个半殖民地半封建社会，从而改变了中国社会的正常发展轨道。外国帝国主义的入侵，一方面破坏了中国自给自足的自然经济，另一方面也促进了中国资本主义经济的发展。但这种畸形发展的资本主义，既受帝国主义、封建主义的压榨，又与他们有千丝万缕的联系，致使中国民族资产阶级自身不可避免地具有两面性。一方面表现为革命性和反抗性，另一方面表现为软弱性和妥协性，没有彻底的反帝反封建的勇气。这就决定了民族资产阶级不可能独立地领导资产阶级民主革命，走资本主义道路。中国革命的领导任务历史地落到了代表先进生产力的中国无产阶级的身上。因此，"中国资产阶级民主主义的革命，不是一般的旧式的资产阶级民主主义的革命，而

---

① 《马克思恩格斯选集》第4卷，人民出版社1995年版，第443页。
② 《列宁选集》第4卷，人民出版社1995年版，第776页。

是特殊的新式的民主主义的革命,而是新民主主义的革命"。① 革命的前途也不是资本主义,而是社会主义。1949年10月,我国取得了新民主主义革命的胜利。新民主主义革命的胜利,从根本上改变了中国社会发展的历史方向,进而经生产资料私有制的社会主义改造,建立了社会主义基本制度。中国没有经过资本主义社会而进入社会主义社会,并没有违背马克思主义的社会形态理论,而是反映了马克思主义关于人类社会发展的一般性与多样性,普遍性与特殊性的辩证统一。

2. 中国特色社会主义是一种特殊的社会形态,是社会主义社会形态在当代中国的具体化。根据马克思主义关于人类社会发展的一般规律,社会主义社会是在资本主义社会基础上建立起来的新的社会形态,所处的历史发展阶段和生产力发展水平应高于资本主义社会。但是我国的社会主义最根本的特点,就是由刚刚脱胎于半殖民地半封建社会经暂短的新民主主义社会过渡而来的,从经济发展水平来看,既远远落后于马克思主义创始人设想的在资本主义高度发达基础上建立的社会主义,也落后于俄国十月革命胜利后建立起来的社会主义,这就决定了中国特色社会主义无论在经济方面,还是在政治方面、文化建设方面都是"不够格"的社会主义,不仅存在着旧社会的痕迹,而且还存在着非社会主义的成分和因素,存在着某些阻碍生产力发展的环节和方面,与马克思主义关于科学社会主义的设想相差甚远。正是从这个意义上说,中国特色社会主义是一种特殊的社会主义社会形态,是初级阶段的社会主义。正如邓小平所指出的:"社会主义本身是共产主义的初级阶段,而我们中国又处在社会主义的初级阶段,就是不发达阶段。"② 但这种特殊的社会形态并不是泛指任何国家的社会主义发展历程都必须要经历的社会形态,而是指现在客观存在的、生产力落后、商品经济不发达、尚未实现社会主义现代化、经济文化基础较差的社会主义国家在实现社会主义战胜资本主义道路上必然要经历的特殊社会形态。中国特色社会主义社会形态的特殊性还表现在自身的特色上。由于各个民族或国家在经济、政治、文化和历史特点等方面不同,因此每个民族或国家在本国建设中都会表现出自己的特色。正如马克思指出的,即使是"相同的经济基础——按主要条件来说相同——可以由于无数不同的经验的事实,自

---

① 《毛泽东选集》第2卷,人民出版社1991年版,第650页。
② 《邓小平文选》第3卷,人民出版社1993年版,第252页。

然条件，种族关系，各种从外部发生作用的历史影响等等，而在现象上显示出无穷无尽的变异和程度差别，这些变异和程度差别只有通过对这些经验所提供的事实进行分析才可以理解。"① 列宁也指出："由于开始向建立社会主义前进时所处的条件不同，这种过渡的具体条件和形式必然是而且应当是多种多样的。地方差别、经济结构的特点、生活方式、居民的素质、实现这种或那种计划的尝试，——所有这些都必定会在国家这个或那个劳动公社走向社会主义的途径的特点上反映出来。这种多样性愈是丰富（当然，不是标新立异），我们就能愈可靠愈迅速地……实现社会主义经济。"② 中国特色社会主义形态由于受时代和本国生产力、所处的社会发展阶段以及历史文化传统、思想意识等国情因素的影响，必然带有本民族的特色。尽管中国特色社会主义的社会形态有自身的特殊性，但并不妨碍它从属于社会主义社会形态。它的领导力量、阶级基础、占统治地位的所有制形式、政权的性质、生产的目的、分配制度、社会的指导思想和发展方向等，都是社会主义的。特别是它确立了以公有制占主体地位的社会主义经济制度、以按劳分配为主体的分配制度、以人民当家做主为实质的政治制度和以马克思主义作指导的思想文化制度。这些都决定了中国特色社会主义道路的社会主义本质属性。它和理想社会主义的区别仅仅在于发展水平和程度上的差别。任何否定现实社会主义社会性质的论调都是错误的。

中国特色社会主义的社会形态是社会主义社会形态的特殊性（个性）与社会主义社会形态的普遍性（共性）的统一。中国的社会主义超越了典型的资本主义，在纵向上体现了社会形态更替的特殊性，中国特色强调的是中国的具体情况、中国的实际，与其他民族国家的社会主义也有区别，在横向上体现了社会形态的特殊性。但是，中国的社会主义也是社会发展普遍规律在当代中国的体现，是共性与个性的统一，是马克思主义与中国具体实际相结合的创造性应用。中国特色社会主义社会形态就是社会主义社会形态在当代中国的具体化，既体现了社会主义社会形态和科学社会主义基本原则的一般特征，又具有中国初级阶段社会主义的鲜明特色。认清了中国特色社会主义具体的社会形态，也就把握了中国特色社会主义道路。

3. 中国特色社会主义社会形态的具体体现。按照马克思主义社会形态理

---

① 《马克思恩格斯全集》第25卷，人民出版社2001年版，第892页。
② 《列宁全集》第27卷，人民出版社1990年版，第191页。

论，一个社会的社会形态总的说来是这个社会的经济基础与上层建筑的统一，主要则体现为经济形态。但是，认识一个国家的全面的社会形态属性，不仅要看其经济社会形态，还要看其他维度的社会形态，这样才可能寻求其社会形态上的精确定位，才能找到不同国家在社会形态属性上的具体差异性。新民主主义革命时期，毛泽东根据马克思的社会形态理论，分析了新民主主义社会的形态，他首先在《新民主主义论》，后来又在《论联合政府》中，系统地论述了新民主主义社会形态是新民主主义经济、新民主主义政治和新民主主义文化的统一。

中国特色社会主义是一种什么样的社会形态，这是科学认识和把握中国特色社会主义必须回答的问题。1997年，江泽民在党的十五大报告中第一次阐述了中国特色社会主义的政治、经济、文化纲领。十五大报告指出："建设有中国特色社会主义的经济，就是在社会主义条件下发展市场经济，不断解放和发展生产力。"①"建设有中国特色社会主义的政治，就是在中国共产党领导下，在人民当家做主的基础上，依法治国，发展社会主义民主政治。"②"建设有中国特色社会主义的文化，就是以马克思主义为指导，以培育有理想、有道德、有文化、有纪律的公民为目标，发展面向现代化、面向世界、面向未来的民族的科学的大众的社会主义文化。"③ 十五大报告同时指出："上述建设有中国特色社会主义的经济、政治、文化的基本目标和基本政策，有机统一，不可分割，构成党在社会主义初级阶段的基本纲领。"④ 根据毛泽东关于社会形态的理论，江泽民关于中国特色社会主义的经济纲领、政治纲领和文化纲领的论述，实际上是从以下三个方面揭示了我国社会主义初级阶段的社会形态。

第一，中国特色社会主义经济形态。中国特色社会主义与马克思主义设想的社会主义社会以及苏联社会主义社会在经济形态上虽然都是以生产资料公有制为基础，但是三者在公有制的实现程度上是不同的。根据马克思主义的设想，社会主义社会是在发达资本主义基础上建立起来的，由于生产力的高度发展，所以能在全社会范围内建立单一的全民所有制、实行有计划地生产和分配，排除了商品货币关系。苏联社会主义社会在所有制方面，一般实行的是全

---

① 《十五大以来重要文献选编》（上），人民出版社2000年版，第18页。
② 同上书，第19页。
③ 同上。
④ 同上。

民所有制和集体所有制两种公有制形式。在分配方面，实行的是单一的按劳分配制。在我国社会主义初级阶段，从生产力发展水平来看，我国的生产力还远远落后于发达的资本主义国家，而且还呈现多层次和不平衡的状况。根据马克思主义生产力决定生产关系的论断，我国现阶段在所有制方面，还不能实行单一的社会主义公有制经济，而必须实行以公有制为主体、多种所有制经济共同发展的基本经济制度，鼓励、支持和引导非公有制经济的发展；在分配方面，必须实行以按劳分配为主，多种分配方式并存的分配制度，确立劳动、资本、技术和管理等生产要素按贡献参与分配的原则。

具体地说，中国特色社会主义的经济形态就是："坚持和完善社会主义公有制为主体、多种所有制经济共同发展的基本经济制度；坚持和完善社会主义市场经济体制，使市场在国家宏观调控下对资源配置起基础性作用；坚持和完善按劳分配为主体的多种分配方式，允许一部分地区一部分人先富起来，带动和帮助后富，逐步走向共同富裕；坚持和完善对外开放，积极参与国际经济合作和竞争。保证国民经济持续快速健康发展，人民共享经济繁荣成果。"① 我国确立以公有制为主体，多种所有制共同发展的基本经济制度经历了一个曲折的探索历程。建国以来，由于对马克思主义关于未来社会设想的教条式理解和受苏联模式的影响，忽视中国具体国情，单纯追求所有制形式的"先进性"，搞"一大二公三纯"，将非公有制经济视为"资本主义的尾巴"加以排斥、限制和打击，超越阶段地将全民所有制作为经济发展目标。改革以前，我国基本是公有制经济一统天下。1978年，全国工业总产值中，全民所有制企业占77.6%，集体经济占22.4%，个体经济几乎没有。② 经过改革开放30多年来的探索，以公有制为主体，多种所有制经济共同发展的基本经济制度已经确立，高度集中的、以行政手段为主的计划经济体制已经被打破，社会主义市场经济体制初步建立并不断完善，市场在国家宏观调控下对资源配置发挥着基础性作用。在实践中对公有制经济内涵和主体地位的认识也逐步深化。认识到"公有制经济不仅包括国有经济和集体经济，还包括混合所有制经济中的国有成分和集体成分。"③ 公有制经济的主体地位主要不是体现在数量上而是体现

---

① 《十五大以来重要文献选编》（上），人民出版社2000年版，第18~19页。
② 转引国家发展改革委经济体制综合改革司，国家发展改革委经济体制与管理研究所：《改革开放三十年：从历史走向未来》，人民出版社2008年版，第22页。
③ 《十五大以来重要文献选编》（上），人民出版社2000年版，第21页。

在"公有资产在社会总资产中占优势;国有经济控制国民经济命脉,对经济发展起主导作用"①。目前,我国公有制经济的主体地位和控制力逐步增强,国有经济布局结构进一步优化,形成了一批具有较强竞争力的大公司、大集团,国有经济运行质量不断提高,对国民经济的影响力、控制力和带动力进一步加强。2006年全国国有企业资产总额达到了29.01万亿元,利润总额为1.2万亿元。② 国有经济在石油石化、航空航天、电力、电信、交通运输、国防工业、重要资源开发、重大装备制造等关系国家安全和国民经济命脉的重要行业和关键领域处于优势和主导地位。中央企业80%以上的国有资产集中在军工、能源、交通、重大装备制造、重要矿产资源开发等领域。承担着几乎全部的原油、天然气和乙烯生产,提供了全部的基础电信服务和大部分增值服务,发电量约占全国的55%,民航运输总周转量占全国的82%,水运货物周转量占全国的89%,汽车产量占全国的48%,生产的高附加值钢材约占全国的60%,生产的水电设备占全国的70%,火电设备占全国的75%。同时,国有资本的控制力不断增强,国有资本直接支配或控制的社会资产1.2亿万亿,比2003年增长1.1倍。③ 同时,非公有制经济迅速发展,已经成为社会主义市场经济的重要组成部分。目前,非公有制经济在GDP中所占比重超过1/3;工业增加值中约占60%。到2007年,我国私营企业达551.3万家,从业人员7253万人;个体工商户为2741.5万户,从业人员5496.2万人。④ 全方位、宽领域、多层次的对外开放格局已经形成。目前我国与几乎所有国家和地区开展了经贸往来。对外贸易迅速发展,规模不断扩大。我国进出口总额由1978年的206.4亿美元增长到2007年的21738亿元,增加了105倍,年均增长17.4%,成为第三大贸易国。利用外资和对外投资快速增长,有效地利用了国内国际两个市场、两种资源。1979年到2007年,累计实际利用外资7754.2亿美元,居世界第二位。2006年末,我国从事跨国投资与经营的各类企业发展到3万

---

① 《十五大以来重要文献选编》(上),人民出版社2000年版,第21页。
② 国家发展改革委经济体制综合改革司,国家发展改革委经济体制与管理研究所:《改革开放三十年:从历史走向未来——中国经济体制改革若干历史经验研究》,人民出版社2008年版,第54页。
③ 李荣融:《深入贯彻落实科学发展观,努力开创中央企业又好又快发展新局面》,[EB/OL]. http://www.sina.com.cn,2007年12月18日。
④ 国家发展改革委经济体制综合改革司,国家发展改革委经济体制与管理研究所:《改革开放三十年:从历史走向未来——中国经济体制改革若干历史经验研究》,人民出版社2008年版,第55~61页。

多家，对外投资（非金融）累计达到750亿美元，遍及世界160多个国家。①

改革开放30多年来，国民经济持续快速发展，综合国力不断增强，人民生活从温饱不足发展到总体小康。我国GDP年均增长9.8%，总量已位列世界第三位，国家外汇储备居世界第一位。人民生活水平不断改善。从1978年到2007年，城镇居民人均可支配收入由343元提高到3786元，农村居民人均收入由134元提高到4140元，剔除价格因素，2007年分别为1978年的7.52倍和7.34倍。30年来，我国解决了13亿人口的温饱问题，农村贫困人口从2.5亿减少到1479万人。世界银行公布的数据表明，1981年至2006年的25年，全球脱贫事业所取得的成就中，有67%的成就归功于中国。②

第二，中国特色社会主义政治形态。中国特色社会主义政治形态与马克思主义设想的社会主义以及苏联社会主义政治形态在基本原则上是一致的，同时又具有自己的特色。马克思主义设想的社会主义与苏联的社会主义在政治上实行的是无产阶级专政和一党制，中国特色社会主义在政治上则不完全相同。具体地说，中国特色社会主义政治形态就是在中国共产党领导下，在人民当家做主的基础上，依法治国，发展社会主义民主政治。就是要坚持和完善工人阶级领导的、以工农联盟为基础的人民民主专政；坚持和完善人民代表大会制度、共产党领导的多党合作和政治协商制度、民族区域自治制度以及基层群众自治制度等；发展民主，健全法制，建设社会主义法治国家。实现社会安定，政府廉洁高效，全国各族人民团结和睦，生动活泼的政治局面。

人民民主专政是国体，我国（宪法）明确规定："中华人民共和国是工人阶级领导的、以工农联盟为基础的人民民主专政的社会主义国家。"我国的人民民主专政其实质是无产阶级专政。人民民主专政同无产阶级专政一样，都是以工人阶级（经过共产党）领导，以工农联盟为基础的绝大多数人享受民主而对极少数人实行专政的国家政权。但我国的人民民主专政又具有鲜明的中国特色。从政权阶级构成来看，参加国家政权的人民的范畴更加广泛，不仅包括工人、农民、知识分子、还包括民营科技企业的创业人员和技术人员、受聘于外资企业的管理技术人员、私营企业主、个体户、中介组织从业人员、自由职

---

① 国家发展改革委经济体制综合改革司，国家发展改革委经济体制与管理研究所：《改革开放三十年：从历史走向未来——中国经济体制改革若干历史经验研究》，人民出版社2008年版，第60页。

② 同上书，第62页。

业者等六大职业群体组成的新的社会阶层及其他一切拥护社会主义和拥护祖国统一的爱国者。在最广大的人民内部实行民主,只对极少数人实行专政。从概念的表述上看,人民民主专政的提法能更准确地表示出人民民主与人民专政两个方面。正如邓小平指出,人民民主专政"实质上也就是无产阶级专政,但是人民民主专政的提法更适合于我们的国情"。① 人民代表大会制度是按照民主集中制原则建立的权力机构,是中国人民当家做主的根本政治制度和最高实现形式。我国的人民代表大会制度与资本主义国家的"三权分立"制度根本不同。我国的人民代表大会制度是同我国人民民主专政这一国体相适应的最佳政体。毛泽东指出:"只有这个制度,才既能表现广泛的民主,使各级人民代表大会有高度的权力;又能集中处理国事,使各级政府能集中地处理被各级人民代表大会所委托的一切事务,并保障人民的一切必要的民主活动。"② 邓小平也指出:"我们实行的就是全国人民代表大会一院制,这最符合中国实际。如果政策正确,方向正确,这种体制益处很大,很有助于国家的兴旺发达,避免很多牵扯。"③ 中国共产党领导的多党合作和政治协商制度是中国特色社会主义的政党制度,是中国社会主义民主政治制度的重要形式。我国的政党制度是一种社会主义的新型政党制度,与资本主义国家的两党制或多党制有根本的不同,也与苏联社会主义的一党制有着重要的区别。执政的中国共产党与参政的民主党派之间不是竞争关系,而是长期共存、互相监督、肝胆相照、荣辱与共的团结合作关系。民族区域自治制度是我国实现民族平等、保障少数民族享有平等的经济、政治、文化和社会权利的重要政治制度。实行民族区域自治是根据我国的历史发展、文化特点、民族关系和民族分布等具体情况作出的符合全国各族人民利益和发展要求的最佳选择。对此,邓小平指出:"解决民族问题,中国采取的不是民族共和国联邦的制度,而是民族区域自治的制度。我们认为这个制度比较好,适合中国的情况。"④ 基层群众自治制度,"是指城乡居民群众以相关法律法规政策为依据,在城乡基层党组织领导下,在居住地范围内,依托基层群众自治组织,直接行使民主选举、民主决策、民主管理和民主

---

① 《邓小平文选》第 2 卷,人民出版社 1994 年版,第 372 页。
② 《毛泽东选集》第 3 卷,人民出版社 1991 年版,第 1057 页。
③ 《邓小平文选》第 3 卷,人民出版社 1993 年版,第 220 页。
④ 同上,第 257 页。

监督等权利,实行自我管理、自我服务、自我教育、自我监督的制度。"① 它不仅是一种基层自治和民主管理制度,而且作为国家制度民主的具体化,是社会主义民主广泛而深刻的实践。中国特色社会主义政治形态体现了马克思主义关于社会主义政治形态的基本原则,又适应了中国历史与当代国情,是社会主义政治形态在当代中国的创新发展。

第三,中国特色社会主义文化形态。与马克思主义设想的未来社会主义以马克思主义一元化为指导思想,社会成员普遍具有高度的科学文化知识、高度的思想觉悟和道德品质的文化形态有所不同。中国特色社会主义文化形态是以马克思主义一元化为指导引领多样化社会思潮。具体地说,就是建立以马克思主义为指导的社会主义核心价值体系;以培育有理想、有道德、有文化、有纪律的公民为目标,发展面向现代化、面向世界、面向未来的,民族的科学的大众的社会主义文化;努力提高全民族的思想道德素质和教育科学文化水平。

以马克思主义为指导思想、中国特色社会主义为共同理想、爱国主义为核心的民族精神和以改革创新为核心的时代精神和以社会主义荣辱观为基本内容的社会主义核心价值体系是社会主义意识形态的本质体现,是中国共产党在思想文化建设上的一个重大理论创新。培育有理想、有道德、有文化、有纪律的社会主义公民是建设社会主义先进文化对公民组织提出的综合要求,是我国文化建设面临的一项长期而艰巨的任务。培育"四有"公民就是要大力弘扬爱国主义、集体主义、社会主义思想,以增强诚信意识为重点,加强社会公德、职业道德、家庭美德、个人品德建设,发挥道德模范榜样作用,引导人们自觉履行法定义务、社会责任、家庭责任。发展面向现代化、面向世界、面向未来的,民族的科学的大众的社会主义文化就是要坚持为人民服务、为社会主义服务的方向和百花齐放、百家争鸣的方针,全面认识中华民族传统文化,取其精华,去其糟粕,使之与当代社会相适应、与现代文明相协调,保持民族性,体现时代性。加强对外文化交流,吸收各国优秀文明成果,增强中华文化国际影响力。发展教育和科学是中国特色社会主义文化建设的重要内容,对于提高民族素质、提高社会文明程度、促进经济发展和社会全面进步具有重要作用。中国特色社会主义文化既植根于中国特色社会主义的实践又继承了中华民族五千

---

① 中共中央宣传部理论局编:《2008年理论热点面对面》,学习出版社,人民出版社2008年版,第97页。

年的历史文化优秀传统以及吸取外国文化的有益成果；既反映了我国社会主义经济与政治的基本特征，又对经济和政治发展起重大作用，是中国实践特色、民族特色、时代特色的统一。

经过30年的发展，中国特色社会主义文化事业取得重大进展。社会主义核心价值体系深入人心，良好的思想道德风尚进一步弘扬，全社会文明程度进一步提高。我国已经基本建立起与社会主义市场经济体制相适应、与社会主义政治文明相符合的社会主义文化体制。目前，我国人均受教育年限超过了8.5年，新增劳动力平均受教育年限提高到10年以上，普通高校的人数由1978年的40.2万人提高到2010年的630万人，全国总人口中有大学以上文化程度的已达7000多万人，从业人员中有高等教育学历定额人数已位居世界前列。①科技发展取得长足进步。在高新技术产业和航空航天等领域取得重大突破，自主创新能力进一步增强。文化事业和文化产业快速发展，人民精神文化生活更加丰富。据统计，2009年我国文化产业实现增值8400亿元，占GDP的2.5%。公共卫生体系和基本医疗服务不断健全，人民健康水平不断提高。我国基本建立了疾病预防控制和突发公共卫生事件应急机制建设，新型农村合作医疗制度，农村卫生和城市社区卫生建设得到发展，城乡居民健康状况不断改善。全国人均期望寿命从1981年的67.7岁达到2009年的73岁，主要国民健康指标处于发展中国家先进水平。

关于中国特色社会主义的社会建设形态。由于社会建设是近年来中国共产党才提出来的，在理论上还没有形成一个系统成熟的体系，在实践上也有待进一步推进和完善。总之，中国特色社会主义的社会形态，是在中国的土地上生长起来的一个具体社会形态，同时又包含有社会主义社会形态在其特定历史发展阶段上的一般特征，体现了中国特色和社会主义的统一。中国特色社会主义社会形态从相对意义上看是处于一个静止的状态，但从绝对意义上看，其本身也是处在一个不断变动和不断发展的过程中。我们不能把社会主义初级阶段的社会形态看作是一个一成不变的静止状态，而是要把它看做是处于永远变化和发展着的自然历史过程。这种变化和发展，首先表现为社会生产力的发展，国家综合国力的增强，其次是生产关系的变化，再次是政治、文化等领域的变

---

① 国家发展改革委经济体制综合改革司，国家发展改革委经济体制与管理研究所：《改革开放三十年：从历史走向未来——中国经济体制改革若干历史经验研究》，人民出版社2008年版，第63页。

化，等等。这些变化和发展的综合，使"事实上不够格"的社会主义社会形态，逐步地转变为"够格"的社会主义社会形态。

二、中国特色社会主义道路的基本特征

任何事物都有自己的特征，是普遍性与特殊性的统一，而以特殊性表现出来。而一个事物的基本特征是反映这个事物本质性、主体性的特征。中国特色社会主义道路是在经济文化比较落后的发展中大国建设和发展社会主义的具体道路。它既遵循了科学社会主义的基本原则，又是对传统社会主义模式的超越和创新，既包含着资本主义的有益成分，又同资本主义现代化道路具有本质的区别，既体现了社会主义社会发展的一般规律，又具有鲜明的中国特色。中国特色社会主义道路从不同的角度去观察，就会展现不同的特征。但是无论从任何角度去研究而得出的基本特征，从根本上说都应该是既体现与传统社会主义的差异，又体现与资本主义及其改良形态民主社会主义等的不同。本文主要是从中国特色社会主义总体特征和具体特征两个方面进行探索分析。

（一）中国特色社会主义道路的总体特征

所谓中国特色社会主义道路的总体特征是指体现中国特色社会主义本质属性的全局性、整体性和综合性的特征。主要包括：

1. 自主性。中国特色社会主义道路是中国共产党领导中国人民独立自主开辟出来的社会主义现代化道路。这是中国特色社会主义道路的最大特点。这主要表现在：第一，中国特色社会主义道路的基本立足点根植于中国自身。中国在现代化道路中虽然积极争取和利用外援，但中国从来不依赖外援，而是把现代化的依靠力量主要放在自己的基点上，从中国出发，面向世界，而不是从世界出发，面向中国。邓小平反复强调："独立自主，自力更生，无论过去、现在和将来，都是我们的立足点。"① 第二，中国特色社会主义道路积极汲取别国有益经验，但并不照抄照搬。世界各国在谋求本国发展和现代化的道路上，都积累了丰富的历史经验，值得中国学习和借鉴。但是，中国在学习和借鉴别国经验的时候，并不是简单的照抄照搬，而是根据本国的国情和特点进行

---

① 《邓小平文选》第3卷，人民出版社1993年版，第3页。

取舍，使之内化为中国自身的东西。比如，中国在向市场经济过渡过程中，"市场经济制度不是依靠从西方'引进的'政策和规则，而是根据自己国家的国情和改革进程中形成的政策、规则、路径和方式，逐步实现国家的新制度安排"。① 正如邓小平深刻指出："所有别人的东西都可以参考，但也只是参考，世界上的问题不可能都用一个模式解决。"② 第三，中国特色社会主义道路坚持自主发展，从不屈从和依附于任何外部势力。中国特色社会主义道路在历史进程中，无论国际形势如何变幻，我们都始终坚持冷静观察时局，独立思考问题，无论是在国内政策还是国际政策的制定上，都坚持从本国人民的根本利益出发，不屈从于任何外部压力，不为任何外部力量所支配。中国不干涉别国内政，但也决不允许别国干涉中国内政。第四，中国在推进本国社会主义现代化进程中，始终把做好自己的事情作为根本。改革开放以来，随着中国经济实力和综合国力的增强，中国积极参与国际事务，努力承担国际义务，正在成为一个负责任的东方大国。但是，中国在履行国际义务的同时，始终坚持以做好自己的事情为出发点和落脚点。邓小平说过，"别人的事情我们管不了"③，我们要"埋头实干，做好一件事，我们自己的事"。④ 作为一个占世界人口1/4以上的发展中大国，做好我们自己的事就是对整个世界和平与发展的最大贡献。坚持独立自主、自我发展，走自己的路，这是中国特色社会主义道路的根本特征，也是中国特色社会主义道路取得成功的根本原因。正像世界银行前行长麦克拉马拉对邓小平开创的这条道路所作的总结与评价："他（指邓小平）认为中国的经济和社会发展都依赖于中国人民和中国自己的领导人。他说外援是好的，我们需要，但他不管是否有外援都决心达到自己的目标。他的这种依赖自身、自己国家、自己的资源、自己的人民的意愿是至关重要的，是你们成功的根本。"⑤

2. 开放性。中国特色社会主义道路是开放型发展道路。十一届三中全会以来，中国共产党立足本国，放眼世界，自觉把中国发展溶入世界发展的时代潮流中。1984年，邓小平在总结建国后的历史经验教训时曾深刻指出："三十

---

① 田春生：《解读"中国模式"的制度内生性》，《人民论坛》2008年第24期，第22页。
② 《邓小平文选》第3卷，人民出版社1993年版，第261页。
③ 《邓小平文选》第3卷，人民出版社1993年版，第320页。
④ 《邓小平文选》第3卷，人民出版社1993年版，第321页。
⑤ 大型电视文献纪录片《邓小平》，中央文献出版社1997年版，第265页。

几年的经验教训告诉我们，关起门来搞建设是不行的，发展不起来"，①"中国的发展离不开世界"。② 江泽民也强调指出，"现在国与国的经济联系日益紧密，相互影响越来越大，谁也不可能关起门来搞现代化建设，不可能回避经济全球化的趋势和激烈复杂的国际竞争。问题的关键在于，既要敢于又要善于参与这种经济全球化条件下的国际经济技术合作和竞争，既要充分利用其中可以利用的各种有利条件和机遇来发展自己，又要清醒认识和及时防范其中可能带来的各种不利影响和风险，稳步推进对外开放。这一点，对于像我们这样经济技术实力远不如西方发达国家的发展中国家来说尤为重要。"③ 他要求领导干部"必须具有世界眼光"，否则"就把握不住时代的脉搏，难以有新的开拓"。④ 胡锦涛也高度重视对外开放，他指出要"在新的历史起点上继续扩大对外开放，必须围绕实现全面建设小康社会的宏伟目标，统筹国内发展和对外开放，坚持'引进来'和'走出去'相结合，在坚持扩大内需方针的同时，坚持互利共赢的开放战略，拓展对外开放的广度和深度，增强参与经济全球化和维护国家经济安全的能力，形成参与国际经济合作和竞争新优势，全面提高开放型经济水平。"⑤十一届三中全会以来，我们党正是基于这样的认识，才勇敢地打开了对外开放的大门，并不断推进对外开放的深入发展。形成了从最初的经济特区到沿海开放城市、沿海经济开放区再到内陆城市，从经济领域到政治领域、文化领域、再到社会领域等的全方位、多层次、宽领域的开放格局，形成了"引进来"与"走出去"的相结合的良好局面。可以说，中国特色社会主义道路形成和发展的过程，也是中国从封闭半封闭走向对外开放的过程。也正是由于实施了对外开放这一重大战略，才使中国在世界现代化发展的大潮中，通过不断借鉴、汲取和利用别国特别是西方发达国家的历史经验和丰富资源，为国内经济社会发展注入了强大动力，加快推进了中国特色社会主义现代化的历史进程。

3. 创新性。与时俱进，开拓创新，是中国特色社会主义道路的又一重要

---

① 《邓小平文选》第3卷，人民出版社1993年版，第64页。
② 《邓小平文选》第3卷，人民出版社1993年版，第78页。
③ 《江泽民文选》第2卷，人民出版社2006年版，第102页。
④ 陈维伟等：《江泽民等同政协科技界委员座谈》，《人民日报》1998年3月5日第1版。
⑤ 胡锦涛：《坚定不移地实行对外开放的基本国策》，[EB/OL]．http：//www. gov. cn. 2007年9月29日。

特征。十一届三中全会以来,中国共产党把马克思主义基本原理与中国实际和时代特征相结合,通过改革和探索,不断突破原有传统社会主义体制模式的束缚,在经济、政治、文化、社会等领域取得了许多创造性的发展。在经济领域,把社会主义与市场经济结合起来,建立了社会主义市场经济体制,这是中国共产党人的历史性伟大创造。社会主义市场经济体制的建立,实现了社会主义制度优势和市场经济优势的有机结合,极大地提高了人民参与社会经济活动的积极性和主动性,从而也使经济社会发展产生了前所未有的持久活力。因此,这种创造既是对计划经济体制的超越,也是对市场经济本身的超越。在政治领域,把党的领导,人民当家做主与依法治国有机结合起来,创立了具有中国特色的社会主义政治发展模式,这是从原有权力集中的政治体制向社会主义民主政治体制的重大转变。在文化领域,把马克思主义一元化领导与思想文化多样性结合起来,创立了以社会主义核心价值体系引领多样化社会思潮的社会主义文化新格局,实现了从原有缺乏活力的文化体制向充满生机与活力的文化体制的根本转变。在社会建设领域,把社会经济发展与社会建设结合起来,创造性地提出了建设社会主义和谐社会的战略决策,努力构建使全体人民学有所教,劳有所得,病有所医,老有所养,住有所居,促进社会公平正义的和谐社会,实现了从原来忽视社会建设到高度重视社会主义建设的历史性转变。

4. 人民性。"以人为本"的人民性是中国特色社会主义道路的突出特征和根本价值取向,它贯穿于发展中国特色社会主义的全过程。改革开放以来,我们党坚持"一切为了人民,一切依靠人民",始终把维护最广大人民的根本利益作为一切工作的出发点和归宿。邓小平在改革开放伊始,就强调要把"人民拥护不拥护"、"人民赞成不赞成"、"人民高兴不高兴"、"人民答应不答应"作为制定各项方针政策的根本依据,把人民利益标准作为判断改革开放和衡量各项工作是非得失的根本标准。江泽民也强调指出:"建设有中国特色社会主义全部工作的出发点和落脚点,就是全心全意为人民谋利益。"① 胡锦涛也向广大党员干部提出"情为民所系、权为民所用、利为民所谋"的根本要求,并反复强调"要始终把实现好、维护好、发展好最广大人民的根本利益作为党和国家一切工作的出发点和落脚点,尊重人民主体地位,发挥人民首创精神,保障人民各项权益,走共同富裕道路,促进人的全面发展,做到发

---

① 《十五大以来重要文献选编》(上),人民出版社2000年版,第48页。

为了人民、发展依靠人民、发展成果由人民共享。"① 改革开放以来，在党的这一思想指导下，人民利益得到了根本维护和切实保障。30年来，人民生活从温饱不足发展到总体小康，农村贫困人口从两亿五千多万减少到两千多万，城乡居民收入和家庭财产普遍增多，城乡居民最低生活保障制度初步建立，享有的公共服务明显增强。尽管目前还存在着诸如贫富差距过大、社会保障体系不完善、社会建设滞后等一些涉及广大人民群众切身利益的问题，但是这已经引起我们党的高度重视，并在采取各种措施逐步解决。

5. 科学性。科学发展是中国特色社会主义道路的核心问题和永恒主题。一个社会能否成功发展，关键是看它是否找到了一条与本国国情和时代特征相适应的发展道路。中国在社会主义建设初期，以毛泽东为核心的党的第一代中央领导集体，针对苏联在社会主义建设中出现的片面发展重工业，忽视轻工业；注重工业，忽视农业等问题，提出了以苏为鉴，走自己的发展道路，并进行了积极可贵的探索，形成了一些正确的和比较正确的理论观点和实践经验。但由于受"左"的思想影响，主观上希望中国尽快摆脱贫穷落后的面貌，不顾中国实际，提出了"赶超战略"，致使在很多方面忽视现代化建设的客观规律，忽视经济效益和经济增长的质量，给经济发展带来了严重后果。在改革开放初期，由于我们受传统社会主义发展观念的影响，往往把"发展是硬道理"简单地理解为"增长是硬道理"，把"以经济建设为中心"简单地理解为"以速度为中心"，甚至不惜以牺牲资源、环境为代价单纯追求 GDP 的增长，导致经济社会建设"一条腿长，一条腿短"，贫富差距不断扩大；就业压力日趋严峻；教育、卫生、文化、服务等社会事业发展滞后等，暴露出我们在经济发展中的一些矛盾和问题。正是通过总结社会主义建设初期和改革开放以来的经验教训，我们党提出了科学发展的理念和要求。目前，随着科学发展战略的实施，中国特色社会主义事业的发展已经取得了一定的积极成果。例如，社会主义新农村建设扎实推进，区域发展协调性增强；创新型国家建设进展良好，自主创新能力有较大提高；能源、资源节约和生态环境保护取得新进展，人民生活显著改善，等等。当然，实现科学发展是中国特色社会主义道路的一个长期的历史任务。从根本上说，中国特色社会主义道路就是一条主张科学发展、持续发展的道路。

---

① 《中国共产党第十七次全国代表大会文件汇编》，人民出版社2007年版，第15页。

6. 和平性。中国特色社会主义道路是和平发展的道路。与美国模式、日本模式和欧洲模式等世界上发达国家的主流发展模式，在现代化初期主要靠掠夺和殖民统治不同，中国特色社会主义道路在追求民族复兴和国家富强的现代化进程中主要依靠自己的力量，和平发展。改革开放以来，中国一直奉行独立自主的和平外交政策，恪守维护世界和平、促进共同发展的外交政策宗旨。在国际事务中坚持民主、和睦、协作、共赢精神；在政治上坚持和睦互信，维护共同安全；在经济上坚持平等互利，促进共同繁荣；在文化上坚持开放包容，推动文明对话。中国过去不称霸，"现在不称霸，将来即使强大了也永远不会称霸"。① 中国不仅坚持以和平的方式谋求本国、本民族的繁荣昌盛，而且以发展为手段不断促进世界的和平与稳定。近年来，随着中国经济实力和综合国力的增强，中国正以负责任的态度积极参与国际事务，积极参与国际反恐斗争、国际救援等活动，主动发展同周边邻国以及世界其他各国的友好关系，支援落后的发展中国家。

（二）中国特色社会主义道路的具体特征

所谓中国特色社会主义道路的具体特征是指体现中国特色社会主义道路某一方面或某一领域的特征。主要包括：

1. 建立社会主义市场经济体制。建立社会主义市场经济体制是中国特色社会主义道路在经济上最典型的基本特征和最显著的标志。长期以来，不论是马克思主义理论家，还是西方资产阶级学者，都把市场经济看做是资本主义性质，而把计划经济看作是社会主义性质的，认为市场经济与社会主义是根本对立的，从而否定市场经济在社会主义制度下存在与发展的可能性。我国在社会主义制度建立以后，按照马克思主义关于未来社会主义的设想和苏联模式，建立的也是高度集中的计划经济体制。这种体制在当时历史条件下，对发展经济、集中力量办大事，加快推进工业化中发挥过重要作用。但是，由于存在排斥市场调节、利益导向的缺陷，计划经济体制的弊端日益凸现，严重束缚了生产力的发展，总的说来是不成功的。改革开放以来，我们党在深刻总结我国和其他社会主义建设经验教训的基础上，积极学习和借鉴人类创造的一切文明成果，创造性地把市场经济的运行机制与社会主义基本制度有机结合起来，从而

---

① 《温家宝总理答中外记者问》，《人民日报》2004年3月15日第3版。

建立起国家宏观经济计划与微观市场经济相结合的社会主义市场经济体制。社会主义市场经济体制的建立是对传统经济理论的重大突破，是对原来的计划经济运行方式的根本性变革。首先，从微观层面看，社会主义市场经济承认个人和企业等市场主体的独立性，它们可以自主地作出经济决策，独立地承担决策的经济风险。这与计划经济体制下由政府部门作出经济决策并承担责任的经济模式根本不同。第二，从资源配置方式看，社会主义市场经济是以市场为基础性配置手段。这与计划经济体制下由政府来进行资源配置根本不同。第三，从宏观层面看，政府的宏观经济调控机制主要通过经济手段来实现，即"国家调控市场，市场引导企业"。这与传统的计划经济条件下用直接的行政手段来管理经济根本不同。第四，从经济活动看，社会主义市场经济是由价值规律起着支配作用。这与计划经济体制下主要由政府主导根本不同。第五，从经济运行看，社会主义市场经济通过建立完备的经济法规对市场经济的各种活动进行规范。这与计划经济体制下主要通过政府的行政手段进行管理不同。同时中国特色社会主义市场经济也不同于资本主义制度下的市场经济。虽然市场经济本身没有姓"社"姓"资"之分。但是，市场经济又总是与各国特有的历史条件和社会基本制度结合在一起，因而又具有自身固有的特点。中国特色社会主义市场经济是在社会主义条件下，和社会主义基本制度结合在一起运行的。这与以私有制为基础的资本主义市场经济形态有根本的区别。"社会主义"这四个字不是可有可无，而是画龙点睛。所谓"点睛"就是点明我们市场经济的性质。我国的市场经济体制，实现了把社会主义制度优势与市场配置资源优势的有机结合，既使社会主义经济发展具有效率和活力，又使经济发展具有公平性取向。这种经济发展方式既不同于传统的计划经济运行方式，又根本区别于西方那种不公平的市场经济。我们的创造性和特色也就体现在这里。改革开放30年来，中国特色社会主义市场经济正是把社会主义制度的优越性与市场经济的活力相结合，才使我国经济经受住了多次风浪的严峻考验，保持多年快速平稳发展。

2. 一部分人先富起来，通过先富带动后富的共同富裕之路。共同富裕是社会主义的本质特征和最终目标，是社会主义区别于资本主义和历史上其他社会形态最根本的特征。按照马克思主义的设想，社会主义是在资本主义生产力高度发达基础上建立起来的，由于消灭了阶级和剥削，实行公有制和按劳分配，能够即刻实现共同富裕。因此，共同富裕是社会主义的题中应有之意。而我国的社会主义是在经济文化比较落后的东方大国中建立起来的,这既不同于在资本主义高度发达基础上建立起来的社会主义,也不完全相同于苏联等其他社会主义国家。在这样一个国度里,如何建设社会主义,实现共同富裕,是马克思主义发展史上的新课题。长期以来,由于受传统社会主义观念和苏联模式的影响,我们对共同富裕的内涵和实现途径存在错误的认识和片面的理解,期望通过实行平均主义来达到全体人民同步同时富裕,结果导致共同贫穷。新时期以来,我们党总结历史经验教训,深刻认识到在中国这样一个经济文化落后的东方大国实现共同富裕,既不能走马克思主义设想的共同富裕之路,也不能照搬苏联模式,只能走中国特色的共同富裕之路,即通过先富带动后富,最终实现共同富裕。这是马克思主义共同富裕思想与中国具体国情相结合得出的必然结论。这是由于:一方面中国是社会主义国家,决定了共同富裕必然是中国特色社会主义本质属性的必然要求和最终目标,但是另一方面,共同富裕必须建立在生产力高度发达的基础之上,而我国在社会主义初级阶段,由于生产力的落后和多层次性,也由于各地自然资源禀赋不同导致各地区发展存在相当的不平衡性,由于在现阶段生产力水平基础上形成的以公有制为主体的多种所有制形式和以按劳分配为主体的多种分配方式的客观存在,由于社会主义市场经济建立后所形成的产权主体的多元化等因素的制约,我国不可能走同步同时富裕的道路。共同富裕在我国的实现,必然是一个渐进的历史过程,只能走一部分地区、一部分人先富起来,通过先富带动后富最终实现共同富裕的道路。部分先富是共同富裕的必要条件;共同富裕是部分先富的最终结果。改革开放30年来,正是由于实行了通过先富带动后富的政策,才打破了数十年的"大锅饭"和平均主义,调动了人们的积极性、尤其是使社会精英们充分发挥了自己的聪明才智,通过诚实劳动和合法经营先富起来,推动了经济的快速发展,大幅度提高了国民收入,增强了我国国力。当东南沿海优先发展起来之际,党中央及时地实施了西部大开发战略,并提出振兴东北老工业基地、中部崛起等重大战略决策等,在东部发达地区的支持和帮助下,使得这些重大战略也得以成功推行,形成了中西互动,优势互补,共同促进的区域发展新格局。同时,对于现阶段存在的贫富差距拉大的现象,采取了有力措施,进一步深化和完善政府收入分配的宏观调控政策和社会保障体系,"逐步提高居民收入在国民收入分配中的比重,提高劳动报酬在初次分配中的比重"。在二次分配中向各类弱势群体作相应的大幅倾斜,逐渐缩小差距,将发展成果惠及全体人民。30年改革开放的实践证明：通过先富带动后富，是我国加速发展，最终实现共同富裕的捷径和最佳选择。在当代中国坚持中国特色社会主义道路，也就是坚持走中国人民共同富裕的道路。

3. 共产党领导、人民当家做主和依法治国有机统一的社会主义民主政治。共产党领导、人民当家做主和依法治国的有机统一，是中国特色社会主义民主政治制度的基本特征。中国特色社会主义民主政治制度主要包括：工人阶级（经过共产党）领导的、以工农联盟为基础的人民民主专政的国体；民主集中制的人民代表大会制度的政体；中国共产党领导的多党合作与政治协商的政党制度以及民族区域自治制度和基层群众自治制度。我国的人民民主专政实质是具有中国特色的无产阶级专政。它更充分地体现了民主的广泛性，更鲜明地表达了人民民主和人民专政二者密切联系、不可分割的方面。人民代表大会制度是我国根本的政治制度，是与人民民主专政相适应的政权组织形式。与西方的相互制衡，同时也相互掣肘的"三权分立"不同，我国人民代表大会是按照民主集中制原则建立起来的统一行使国家权力的机构。"一府两院"由它产生，对它负责。根据我国宪法，全国人民代表大会和地方各级人民代表大会由民主选举产生，对人民负责，受人民监督；国家行政机关、审判机关、检察机关由人民代表大会产生，对它负责，受它监督。因此，我国的人民代表大会制度不仅反映了全国各族人民的共同利益和共同愿望，体现了我国"一切权力属于人民"的社会主义民主实质，更是人民当家做主的重要载体和最高实现形式。中国共产党领导的多党合作和政治协商制度，是具有中国特色的社会主义政党制度。其主要特点是共产党领导、多党派合作，共产党执政、多党派参政。共产党是执政党，各民主党派是参政党，而不是在野党和反对党。中国共产党与各民主党派之间是长期共存、互相监督、肝胆相照、荣辱与共的合作关系。这与西方资产阶级民主实行的资产阶级轮流坐庄的"两党制"或"多党制"根本不同。民族区域自治制度和基层群众自治制度，也是我们党根据中国基本国情创造的具有中国特色的民主政治制度的重要制度形式。中国特色社会主义民主政治制度是中国近现代历史发展的必然结果，是中国共产党带领全国各族人民经过长期奋斗和实践探索而建立发展起来的，其实质是党的领导、人民当家做主和依法治国的有机统一。党的领导是人民当家做主和依法治国的根本保证，人民当家做主是社会主义民主政治的本质和核心，依法治国是党领导人民治理国家的基本方略。它是马克思主义基本原理同中国国情相结合的产物,既坚持了科学社会主义关于民主理论的基本原则,又借鉴了现代西方文明包括西方民主的优秀成果,同时也植根于中华民族赖以生存和发展的广阔沃土,植根于近代以来中国共产党和中国人民为争取民族独立和国家富强而进行的伟大实践,是最适合中国国情的社会主义民主政治制度。

4. "一国两制"的国家制度。"一国两制"是从中国的实际出发创造的具有中国特色的国家制度新模式。马克思主义认为,国家是历史范畴,是阶级矛盾不可调和的产物。从这个意义上说,在一个国家一般只能有代表统治阶级利益的一种社会制度存在。无产阶级国家应以民主集中制为基础,建立单一制的统一的社会主义国家。"一国两制"即,"在祖国统一的前提下,国家的主体坚持社会主义制度,同时在香港、澳门、台湾保持原有的资本主义制度长期不变"。"一国两制"根据中国的历史和现实的具体实际,创立了在一个主权国家内,同时出现两种不同社会制度共存的新的国家制度形式。在这种国家制度下,一小部分资本主义制度为主体社会主义制度所利用,受主体社会主义制度所影响,归根到底是有利于主体社会主义的,这是对马克思主义国家制度和社会制度理论的重大突破。"一国两制"同时也是对国家结构形式的创新发展。马克思主义认为,一个国家采取什么结构形式,取决于该国的阶级本质、地理条件、民族特点和历史传统等。目前世界上的国家结构,基本上分为单一制和复合制两大类。按照马克思主义的国家结构理论,我国采取的是单一制的国家结构形式。"一国两制"的构想实施后,我国的国家结构形式又呈现出新的特点。从总体上说我国仍是单一制的社会主义国家,全国只有一个立法机关和中央人民政府,有统一的宪法,公民有统一的国籍。但是,它又突破了单一制国家结构的模式,带有复合制的某些特征,不仅有普通行政区单位,民族自治行政单位,还有特别行政单位。而且,特别行政区的权力不仅超出一般单一制下地方政府的权力,而且超过了某些联邦制下成员国政府的权力和自治程度。"一国两制"的国家结构形式,是一个全新政治构想和国家结构的最新模式。它突破了马克思主义国家学说,在国家结构形式中,要么是纯粹的"单一制",要么是纯粹的联邦制这一传统观念,而是根据中国具体实际,创造了一种既不是联邦制又不是纯粹单一制的崭新的国家结构形式,而且容纳了两种性质不同的经济、政治社会制度。"一国两制"的实施,既保持了香港、澳门的繁荣稳定,又维护了祖国统一。

5. 马克思主义指导思想一元化和社会思潮多样性相统一的社会主义先进

文化。以马克思主义为指导思想的社会主义核心价值体系引领多样化社会思潮和文化追求是中国特色社会主义道路在文化上的基本特征。在当代中国，坚持社会主义先进文化前进方向，核心内容是努力建设社会主义核心价值体系，即必须巩固马克思主义指导地位，坚持中国特色社会主义共同理想，弘扬以爱国主义为核心的民族精神和以改革创新为核心的时代精神，坚持社会主义荣辱观。以马克思主义为指导思想的社会主义核心价值体系引领多样化社会思潮和文化追求，是中国特色社会主义的必然要求和本质所在。马克思主义认为，一个社会的意识形态，是由这个社会的经济基础和政治制度所决定的，反过来又对经济基础和政治制度加以深刻的影响。任何国家，不管其经济结构和社会思想多么复杂多样，总会有占主导地位的意识形态，并对整个社会的思想文化发挥着强大的引领和整合作用。我国是社会主义国家，公有制的主体地位，人民民主专政的政权性质和共产党的执政地位，决定了我们在意识形态领域只能以马克思主义作为党和国家的指导思想。马克思主义指导思想，是社会主义核心价值体系的灵魂和根本。当然坚持马克思主义指导地位的"一元化"与繁荣社会文化的"多样性"并不矛盾，从根本上说是一致的，两者是辩证统一的。坚持马克思主义"一元化"的指导地位就是指在马克思主义立场、观点、方法指导下，充分尊重社会文化的多样性特点和合理性差异，善于包容多样社会思潮中与社会主义核心价值体系的基本精神和主要方向并不相悖的因素，将各种有差异、多样的社会思潮包容、整合到马克思主义统领的社会意识之中，使之朝着社会主义方向发展。因此，只有坚持马克思主义"一元化"才能保证我国文化的社会主义性质，保证我国文化始终沿着进步的方向前进；保证文化的多样化，满足人民群众多方面的文化需求；同时，马克思主义是开放性的不断发展的理论体系，马克思主义只有汲取其他文化的有益的成果，才能永远保持科学的与时俱进的理论品质。以马克思主义为指导思想的社会主义核心价值体系引领多样性的社会思潮，是我们党把马克思主义意识形态理论与中国国情相结合，立足于中国社会主义初级阶段的具体实践，针对我国社会经济成分、组织形式、就业方式、利益关系和分配方式的日趋多样化的现实做出的必然选择。它充分体现了马克思主义意识形态优势和传统文化在当代中国的实践特色、民族特色与时代特色的统一。

6. 以改善民生为重点的和谐社会建设。以改善民生为重点的和谐社会建设，这是中国特色社会主义的本质属性和重要特征。社会主义制度是人类历史上迄今为止最合理最进步的社会制度。社会主义的以公有制为基础的基本经济制度、人民当家做主的政治制度的建立和不断完善，从根本上消除了导致阶级对立和社会不公正的根源，决定了社会主义社会的基本矛盾是非对抗的，决定了广大人民的利益在根本上是一致的，因而决定了社会和谐是社会主义社会的本质属性和基本形态。也就是说，社会和谐也是中国特色社会主义的本质特征。但是，任何社会都不可能没有矛盾，社会和谐也不会自然而然地实现。特别是在我国有14亿人口、经济社会还不发达、还将长期处于社会主义初级阶段的历史和现实条件下，随着深化改革和经济迅速增长的前进道路上暴露出一些深层次的新矛盾新问题，如：资源、环境压力加大；收入分配差距拉大；城乡、区域发展不平衡；社会结构、社会组织形式、社会利益格局的深刻变化，理想的和谐社会就更不可能自然而然地实现，而需要长期的艰苦努力。因而，社会和谐，既是中国特色社会主义本质属性和自觉追求的价值目标，又是持续推进、不断实现的历史过程。事实上，中国特色社会主义道路的历史进程也就是不断实现社会和谐的过程。改革开放以来，我们党随着对社会主义本质和社会主义建设规律认识的不断加深，在提出社会主义经济建设、政治建设、文化建设三位一体的社会主义总体建设布局之后，又把构建社会主义和谐社会作为一项重大的战略任务和战略目标，作为中国特色社会主义事业的四个重要组成部分之一，摆在十分突出的位置，就是要在经济社会发展的基础上更加自觉、更加主动地推进和谐社会建设，着力保障和改善民生，推进社会体制改革，扩大公共服务，完善社会管理，促进社会公平正义，努力使全体人民学有所教、劳有所得、病有所医、老有所养、住有所居，在教育、就业、分配、社会保障、医疗卫生、社会管理等方面开展卓有成效的工作。目前，中国特色社会主义和谐社会建设全面展开，各级各类教育迅速发展，农村免费义务教育全面实现，就业规模日益扩大。社会保障体系建设进一步加强。公共卫生体系和基本医疗服务不断健全，人民健康水平不断提高。社会管理逐步完善，社会大局稳定，人民安居乐业。社会主义和谐社会建设的提出，是我们党对社会主义认识的又一次新的飞跃，是对马克思主义理论的一个重大创新成果。社会主义和谐社会的建设同富强、民主、文明的建设一样，它既是中国特色社会主义的一个长期的奋斗目标，又是一种从低级到高级持续推进的具体的历史过程。

总之，体现中国特色社会主义本质属性的自主性、开放性、创新性、人民性、科学性、和平性等总体特征和"把市场经济的运行机制与社会主义基本制度有机结合的经济管理体制"、"一部分人先富起来,先富带动后富的共同富裕道路"、"共产党领导、人民当家做主和依法治国有机统一的社会主义民主政治"、"马克思主义的一元化和社会思想多元化相统一的社会主义文化建设"、"以改善民生为重点的社会建设"以及"'一国两制'的国家制度"的具体特征是对中国特色社会主义道路发展历程的概括和总结。它最鲜明、最显著地体现了中国特色社会主义道路既坚持了科学社会主义的基本原则,但它又不是苏联模式,也不是对马克思主义当年所设想的社会主义的照搬照抄;既借鉴了发达资本主义国家发展市场经济和组织现代化大生产的文明成果,但它又不是资本主义或别的什么主义,而是具有鲜明的时代性、民族性、实践性和科学性的符合中国国情的社会主义的创新模式。中国特色社会主义道路本身是不断前进和发展的,因此,人们对中国特色社会主义道路的基本特征的认识也必将会随着中国特色社会主义实践的纵深发展而发展,不会停滞不前的。

第三章

中国特色社会主义道路的模式比较

世界各国的发展道路或发展模式都是在自己的历史、文化、信仰、生活方式等基础上逐步形成的,由于上述国情要素的千差万别,因而发展道路与发展模式的选择也不尽相同。目前世界上 200 多个国家的发展模式可以说都各有差别,大体可以分为两大类:一是走社会主义道路的国家;一是走资本主义道路的国家。但是同一种社会主义制度的国家在发展模式上也不是完全相同的,比如社会主义国家的发展模式就有苏联传统社会主义,中国特色社会主义,越南特色社会主义,古巴特色社会主义,朝鲜式社会主义等等。同为资本主义制度的国家,其发展模式也不一样,比如,有美式市场资本主义模式,日本式政府主导型资本主义模式,莱茵模式和北欧的民主社会主义模式等等。即使是同一个国家在不同发展时期的发展模式也会有不同的特点,本文无法从微观上逐一比较,只能从宏观上对具有典型意义的发展模式进行分类比较。

一、中国特色社会主义道路与世界社会主义国家发展模式之比较

社会主义作为一种运动,并不能等同于社会主义的任何具体模式。但是,社会主义的现实表现却是以模式为基本形式的。换言之,现实的社会主义实践都是在特定历史条件下的具体国家范围内进行的,因而不可避免地带有这个国家的国情和时代特征,进而形成某种特定的模式。① 所以,"每个国家有它自

---

① 袁霞:《社会主义模式断想》,社会主义研究 1996 年版第 1 期,第 6 页。

己的社会主义。"① 因此,要探讨社会主义运动的现实和未来发展趋势问题,应该也只能是对社会主义史上各种模式的产生和运行情况进行回顾和反思,同时对其前景作一些或然性的分析。

19世纪后期,马克思主义创始人运用唯物史观和剩余价值理论,在科学分析资本主义社会基本矛盾的基础上,深刻揭露资本主义制度不合理的同时,对未来新社会的基本特征做出了科学的预测和展望,创立了科学社会主义。此后诞生的世界社会主义国家的建设和发展基本上是沿着马克思主义创始人所设定的方向前进的,但是随着世界社会主义运动遭受的严重挫折与失误,迫使各社会主义国家不得不从本国国情和社会历史条件出发,在实践中对马克思主义理论进行发展和创新,从而形成了丰富多彩的马克思主义本土化的理论形态和实践模式。中国特色社会主义道路作为科学社会主义的一种实践模式,与马克思主义经典社会主义与其他社会主义实践模式既有本质性的联系,又有重大差别。正确认识和把握这些区别和联系,才能科学认识中国特色社会主义道路及其历史地位和时代价值。

(一)中国特色社会主义道路与马克思主义经典作家对社会主义的构想

社会主义一词最早出现在公元16世纪,是由空想社会主义者针对资本主义社会的矛盾和弊端提出的一种新的社会政治思潮。空想社会主义凭直觉认识到资本主义私有制的不合理性,对资本主义制度的种种不平等和丑恶现象进行了尖锐批判和否定,并对未来理想社会进行了大胆的憧憬和设想,是人类历史的一大进步。但是空想社会主义者对资本主义的批判主要是从抽象的"人类理性"和"永恒正义"出发,不能揭示社会主义取代资本主义的历史必然性,因而还有很大局限性和主观性。马克思主义经典社会主义亦即科学社会主义,是指马克思、恩格斯在空想社会主义基础上创立的一种有别于"空想"社会主义的一种社会主义理论形态。科学社会主义与空想社会主义的真正区别在于马克思、恩格斯运用唯物史观和剩余价值学说,从人类社会的发展趋势和资本主义社会矛盾运动发展的规律上论证了社会主义取代资本主义的历史必然性,从而把社会主义置于现实的基础之上,使社会主义由空想变为科学。所以,马克思主义经典作家把自己的理论称之为科学社会主义,以示与空想社会主义的

---

① 熊彼特:《资本主义、社会主义与民主主义》,商务印书馆1979年版,第405页。

区别。正如马克思在1874年所指出的那样："'科学社会主义'，也只是为了与空想社会主义相对应时才使用"。①

关于科学社会主义，马克思并没有专门著作来论述，马克思关于科学社会主义的基本理论主要是散见在《资本论》、《共产党宣言》、《哥达纲领批判》等著作当中。这并不是他的疏忽，也不是他不重视，而是表明了他严谨的科学态度。在他的著作当中，科学社会主义和共产主义是通用的，后来马克思在《哥达纲领批判》中把科学社会主义划分为两个阶段，即"第一阶段"和"高级阶段"。列宁又把马克思的"第一阶段"明确为"社会主义社会"，把"高级阶段"明确为"共产主义社会"。关于未来社会究竟是什么样的，马克思主义创始人并没有做出具体的规划和详细的描述。他们主要是在对资本主义私有制进行批判，揭露资本主义社会生产社会化和生产资料私人占有之间的矛盾的基础上，对未来的社会的基本特征作了大致的预测。主要有以下几个方面：（1）消灭资本主义私有制，建立了生产资料公有制；（2）不存在商品生产、货币交换和市场；（3）实行按劳分配的原则，并逐步从按劳分配向按需分配过渡；（4）高度发达的生产力和比资本主义更高的劳动生产率；（5）消灭了阶级，国家逐步自行消亡，建立起"自由人联合体"，等等。

马克思和恩格斯关于未来社会主义特征的论述是依据资本主义社会的基本矛盾和人类社会历史发展的规律而作出的科学预测，而不是乌托邦式的空想，马克思关于社会主义的设想为后来的社会主义提供了最基本的思想理论基础，是社会主义理论与实践的源头。它论述的基本原则，是一切社会主义国家革命和建设实践必须遵循的根本准则。但是同时，我们又必须清醒地认识到，马克思经典社会主义关于未来社会主义的设想是建立在资本主义高度发达基础之上的，是对于一个成熟阶段的社会主义社会基本特征的一种理论抽象，它舍弃了各种具体条件和因素，因而，马克思经典社会主义与现实的社会主义必然又会有许多不同。中国特色社会主义道路作为科学社会主义在当代中国的特殊的实践模式，与科学社会主义基本理论相比较而言，既有本质上的联系，又有许多重大区别，是一般与特殊，抽象与具体的关系。中国特色社会主义道路既坚持了科学社会主义的基本原则，又根据我国实际情况和时代特征赋予其鲜明的中国特色。

---

① 《马克思恩格斯选集》第3卷，人民出版社1995年版，第290页。

1. 中国特色社会主义的基本经济制度与马克思经典社会主义的基本经济制度的比较。第一，在所有制方面。马克思、恩格斯认为，生产力决定生产关系，经济基础决定上层建筑，一个社会的所有制形式是由这个社会的生产力水平决定的。社会主义社会是在资本主义生产力高度发达基础上建立的。因此，社会主义社会应该消灭私有制，全部生产资料归社会直接占有。马克思和恩格斯在《共产党宣言》中指出，"共产党人可以把自己的理论概括为一句话：消灭私有制。"① 他们认为，未来社会"同现存制度的具有决定意义的差别当然在于，在实行全部生产资料公有制（先是单个国家实行）的基础上组织生产。"② 恩格斯在《美国工人运动》中，写道："最终目的是工人阶级夺取政权，使整个社会直接占有一切生产资料——土地、铁路、矿山、机器等等，让它们供全体和为了全体的利益而共同使用。"③ 他在为马克思《1848年至1850年的法兰西阶级斗争》一书写的导言中，指出："使这部著作具有特别重大意义的是，在这里第一次提出了世界各国工人政党都一致用以概述自己的积极改造要求的公式，即：生产资料归社会占有。"④ 同时，他又强调不能一下子就把私有制废除，"正像不能一下子就把现有的生产力扩大到为实行财产公有所必要的程度一样。因此，很可能就要来临的无产阶级革命，只能逐步改造现社会，只有创造了所必需的大量生产资料之后，才能废除私有制"。⑤

中国特色社会主义道路实行的是以公有制为主体，多种所有制共同发展的基本经济制度。这是由我国现阶段的生产力发展水平决定的。由于我国的社会主义制度是在殖民地半殖民地经过短暂的新民主主义发展而来的，就生产力发展水平来说，远远落后于马克思主义设想的发达的生产力发展程度，呈现低水平，多层次，发展不平衡的状态，因此，在基本经济制度方面我们还不能实行马克思主义所设想的全部生产资料由"社会直接占有"的覆盖整个社会的单一的全民所有制形式，而只能实行以公有制为主体，多种所有制并存的所有制形式，即全民所有制也就是马克思主义所设想的"社会直接占有"制、集体所有制、个体所有制、私人资本主义所有制、国家资本主义所有制、混合所有

---

① 《马克思恩格斯选集》第1卷，人民出版社1995年版，第286页。
② 《马克思恩格斯〈资本论〉书信集》，人民出版社1976年版，第498页。
③ 《马克思恩格斯选集》第4卷，人民出版社1995年版，第390页。
④ 《马克思恩格斯全集》第22卷，人民出版社1965年版，第593页。
⑤ 《马克思恩格斯选集》第1卷，人民出版社1995年版，第239页。

制等所有制形式。可见，中国特色社会主义的基本经济制度既坚持了马克思主义的所有制理论，又根据我国当前的具体国情增添了新的内容。

第二，在分配制度方面。马克思、恩格斯认为，一个社会的生产方式决定分配方式，未来社会主义社会由于实现了生产资料公有制，所以相应地在分配方式上必然要实行按劳分配，即在社会总产品作了各项必要的扣除之后，按等量劳动领取等量产品。马克思在《哥达纲领批判》中指出"每一个生产者，在作了各项扣除以后，从社会领回的，正好是他给予社会的。他给予社会的，就是他个人的劳动量。例如，社会劳动日是由全部个人劳动小时构成的；各个生产者的个人劳动时间就是社会劳动日中他所提供的部分，就是社会劳动日中他的一份。他从社会方面领得一张凭证，证明他提供了多少劳动（扣除他为公共基金而进行的劳动），他根据这张凭证从社会储存中领得一份耗费同等劳动量的消费资料。他以一种形式给予社会的劳动量，又以另一种形式领回来。"① 马克思、恩格斯认为，按劳分配的分配方式是同共产主义的低级阶段的生产力水平和社会化大生产相适应的，但还是有局限的。到了共产主义高级阶段，由于生产力高度发达，社会财富充分涌流，人们思想境界极大提高，这时将实行"各尽所能，按需分配"。马克思指出："在共产主义社会高级阶段，在迫使个人奴隶般地服从分工的情形已经消失，从而脑力劳动和体力劳动的对立也随之消失之后；在劳动已经不仅仅是谋生的手段，而且本身成了生活的第一需要之后；在随着个人的全面发展，他们的生产力也增长起来，而集体财富的一切源泉都充分涌流之后，——只有在那个时候，才能完全超出资产阶级权利的狭隘眼界，社会才能在自己的旗帜上写上：各尽所能，按需分配！"②

中国特色社会主义道路在现阶段实行的是以按劳分配为主体，多种分配方式并存的分配制度。我国社会主义初级阶段的生产力发展水平决定了在现阶段只能实行以公有制为主体，多种所有制经济共同发展的基本经济制度，由此也就决定了在此基础上只能实行以按劳分配为主体，多种分配形式并存的分配制度。正如邓小平所指出的："社会主义是共产主义第一阶段，这是一个很长的历史阶段，必须实行按劳分配，必须把国家、集体和个人利益结合起来，才能

---

① 《马克思恩格斯选集》第3卷，人民出版社1995年版，第304页。
② 同上书，第305~306页。

调动积极性,才能发展社会主义的生产。"① 因此,我们在马克思主义所设想的社会主义社会"按劳分配"的分配制度的前提下,又结合我国社会主义初级阶段基本国情,"把按劳分配和按生产要素分配结合起来",② "允许和鼓励资本、技术等生产要素参与收益分配"。③ 从而做到了把坚持马克思主义分配原则与我国社会主义初级阶段的实际情况的有机结合。故"中国特色"的分配原则确定为按劳分配与按生产要素分配相结合,体现了"效率优先,兼顾公平"。

第三,在经济体制方面。马克思、恩格斯认为社会主义社会商品货币消失、社会生产实行有计划调节。马克思和恩格斯认为,由于社会主义社会实行生产资料由社会直接占有,私人劳动就直接成为社会劳动的组成部分,这就消除了私人劳动与社会劳动的矛盾,这样就不需要通过中间环节,因而商品货币将不复存在,社会实行有计划有组织的生产。马克思在《资本论》中指出:"在一个集体的、以生产资料公有为基础的社会中,生产者不交换自己的产品;用在产品上的劳动,在这里也不表现为这些产品的价值,不表现为这些产品所具有的某种物的属性,因为这时,同资本主义相反,个人的劳动不再经过迂回曲折的道路,而是直接作为总劳动的组成部分存在着。"④ 马克思在《论土地国有化》中预测,在社会主义社会"生产者将按照共同的合理的计划进行社会劳动"。⑤ 恩格斯在《反杜林论》中提出:"一旦社会占有了生产资料,商品生产就将被消除,而产品对生产者的统治也将随之消除。社会生产内部的无政府状态将为有计划的自觉的组织所代替。个体生存斗争停止了。"⑥ "金钱将变成无用之物。"⑦ 按照马克思、恩格斯的社会主义观,资本主义商品生产是同私有制联系在一起的,随着社会主义公有制的确立,消灭了商品生产的基础,社会生产全部直接由计划来控制、调节,没有商品市场和竞争,这是在"共产主义第一阶段"就已经实现了的。

---

① 《邓小平文选》第2卷,人民出版社1994年版,第351页。
② 江泽民:《高举邓小平理论伟大旗帜,把建设有中国特色社会主义事业全面推向二十一世纪》,《求是》1997年第18期,第12页。
③ 同上。
④ 《马克思恩格斯选集》第3卷,人民出版社1995年版,第303页。
⑤ 同上书,第130页。
⑥ 同上书,第633页。
⑦ 《马克思恩格斯选集》第1卷,人民出版社1995年版,第241页。

而我国生产力的发展没有达到马克思主义所设想的那种高度，市场经济在我国现阶段还是一个不可超越的历史阶段，中国特色社会主义经济的基本目标是发展社会主义市场经济，使市场在国家宏观调控下对资源配置起基础性的作用。在当代，中国特色的社会主义市场经济是与社会主义基本制度结合在一起的，社会主义市场经济既有现代市场经济的共性，又有社会主义的基本特征，既可以发挥市场经济的长处，又可以发挥社会主义公有制的优越性，从而更好地发挥计划和市场这两种资源配置手段的优点，不断解放和发展生产力。中国特色社会主义市场经济体制，是对马克思主义当年设想的计划经济理论的重大突破。

2. 中国特色社会主义的基本政治制度与马克思经典社会主义的基本政治制度的比较。第一，关于社会主义国家的国体。所谓国体，就是社会各阶级在国家中的地位，即国家性质。马克思和恩格斯认为，从资本主义到共产主义第一阶段即社会主义阶段的国体是无产阶级专政，并随着阶级、阶级差别和阶级统治的消灭，作为阶级专政工具的国家开始逐步消亡。国家的职能由"对人的统治将由对物的管理和对生产过程的领导所代替"。① 马克思在《1848至1850年的法兰西阶级斗争》中指出："革命的社会主义"，② 就是"宣布不断革命，就是无产阶级的阶级专政，这种专政是达到消灭一切阶级差别，达到消灭这些差别所由产生的一切生产关系，达到消灭和这些生产关系相适应的一切社会关系，达到改变由这些社会关系产生出来的一切观念的必然的过渡阶段。"③ 他在《巴枯宁〈国家制度和无政府状态〉一书摘要》中指出，在社会主义社会，"阶级统治一旦消失，目前政治意义上的国家也就不存在了"。④ 恩格斯也认为阶级不可避免地要消失，正如它们从前不可避免地产生一样。随着阶级的消失，国家也不可避免地要消失。恩格斯指出："无产阶级将取得国家政权，并且首先把生产资料变为国家财产。但是这样一来，它就消灭了作为无产阶级的自身，消灭了一切阶级差别和阶级对立，也消灭了作为国家的国家。"⑤ "当国家终于真正成为整个社会的代表时，它就使自己成为多余的

---

① 《马克思恩格斯选集》第3卷，人民出版社1995年版，第631页。
② 《马克思恩格斯选集》第1卷，人民出版社1995年版，第462页。
③ 同上。
④ 《马克思恩格斯选集》第3卷，人民出版社1995年版，第289页。
⑤ 同上书，第754~755页。

了",①"国家真正作为整个社会的代表所采取的第一个行动,即以社会的名义占有生产资料,同时也是它作为国家所采取的最后一个独立行动"②。但是,恩格斯同时也强调:"国家不是'被废除'的,它是自行消亡的。"③

与马克思主义设想的无产阶级专政的国体不同,我国采用人民民主专政的国体,这是由我国近现代的基本国情所决定的。自1840年鸦片战争开始,中国逐步沦为半殖民地半封建社会,中国革命的敌人主要是帝国主义和封建主义,这就决定了中国共产党领导的革命不是无产阶级社会主义革命,而是反帝反封建的资产阶级新民主主义革命。在这个革命过程中,中国共产党领导的工人阶级始终是革命的领导力量和依靠力量,"农民是工人阶级的坚固的同盟军,城市小资产阶级也是可靠的同盟军,民族资产阶级则是在一定时期中和一定程度上的同盟军,这是现代中国革命的历史所已经证明了的根本规律之一"。④ 因此,革命胜利后所建立的国家政权,一定要"是一个工人、农民、城市小资产阶级和其他一切反帝反封建分子的革命联盟的民主共和国"。⑤ 它既要代表工人阶级、农民阶级的利益,还要代表中小资产阶级的利益。所以,我国的国体采取人民民主专政的提法比采取无产阶级专政的提法更符合中国实际,更易于为各革命阶级、各阶层人民群众所接受。但是,人民民主专政与无产阶级专政在本质上是根本一致的,人民民主专政实质上是无产阶级专政,从性质上来看,二者都是工人阶级领导的以工农联盟为基础的国家政权;从内容上来看,二者都包含民主和专政两个方面,是民主与专政的统一,即绝大多数人享有民主,对极少数敌对分子实行专政;从职能和历史任务来看,二者都是为了保卫无产阶级的政权,发展社会生产力,最终进入无阶级社会即共产主义社会。因此,我国的人民民主专政在本质上就是无产阶级专政,人民民主专政是中国共产党对马克思主义无产阶级专政学说的创造性运用。

第二,关于社会主义国家的政体。所谓政体,是指国家政权的组织形式,即统治阶级采取何种形式来组织自己的政权机关。马克思主义认为:公社是社会主义国家的政权形式。在《法兰西内战》中他指出,"工人阶级不能简单地

---

① 《马克思恩格斯选集》第3卷,人民出版社1995年版,第755页。
② 同上书,第631页。
③ 同上。
④ 《毛泽东选集》第2卷,人民出版社1991年版,第645页。
⑤ 同上书,第649页。

掌握现成的国家机器,并运用它来达到自己的目的",而是要建立真正的工人自己的国家。马克思在《法兰西内战》二稿中提出:"公社,这个使资产阶级的头脑怎么也捉摸不透的怪物,究竟是什么呢?"对这个问题,他回答道:"按最简单的理解,这是工人阶级在他们的社会堡垒——巴黎和其他工业中心——里执掌政权的形式。"① 马克思主张以无产阶级国家的崭新民主组织形式来代替统治阶级的国家机器形式,即资产阶级议会制度。他指出"公社是一个实干的而不是议会式的机构,它既是行政机关,同时也是立法机关。"② 公社"实质上是工人阶级的政府,是生产者阶级同占有者阶级斗争的产物,是终于发现的可以使劳动在经济上获得解放的政治形式。"③ 上述这些论述确切地反映了马克思认为巴黎公社是社会主义国家形式的观点。后来恩格斯在《法兰西内战》的《导言》中也这样写道:"你们想知道无产阶级专政是什么样子吗?请看巴黎公社。这就是无产阶级专政。"④ 马克思根据公社的经验指出:"无产阶级国家是崭新的民主国家。公社代表和维护劳动群众的利益,由人民直接行使权力。它由工人或公认的工人阶级的代表组成,在其整个活动中依靠劳动群众。这个国家的无产阶级性质在于:"一切权力机构和人民代表由选举产生,对选民负责,随时可以撤换;武装力量和国民自卫队按民主原则建设和组织;由选举出来的法官、公社的官员来代替以前的司法机关的官吏。"⑤

我国的政体没有照搬马克思肯定的巴黎公社形式,而是采用人民代表大会的根本政治制度形式。这是因为我国政权的阶级基础与巴黎公社政权的阶级基础不同,巴黎公社仅为工人阶级,而我国是工农联盟,同时由于小资产阶级和民族资产阶级曾经是革命的同盟军,因此,国家政权机关还应该有他们的代表参加。在新民主主义时期,我国的"人民代表大会"制度是包含了"工人阶级、农民阶级、小资产阶级和民族资产阶级",⑥ 而在工人阶级领导之下的统一战线的民主联盟的国家制度。

1956 年,我国社会主义改造完成之后,资产阶级已经不存在了,但我国

---

① 《马克思恩格斯选集》第 3 卷,人民出版社 1995 年版,第 116 页。
② 同上,第 55 页。
③ 同上,第 59 页。
④ 《马克思恩格斯选集》第 3 卷,人民出版社 1995 年版,第 13~14 页。
⑤ 同上书,第 3 页。
⑥ 《毛泽东选集》第 4 卷,人民出版社 1991 年版,第 1475 页。

各民主党派以各自联系一部分社会主义劳动者的政治组织身份继续参与国家政权。改革开放以来，我国国家政权的阶级基础进一步扩大，它不仅包括工人阶级、农民阶级而且包括拥护社会主义的爱国者和拥护祖国统一的爱国者。人民代表大会制是依据马克思主义的社会主义国家制度理论并结合中国的具体国情的最符合中国实际的政权组织形式。

    3. 中国特色社会主义的基本文化制度与马克思经典社会主义的基本文化制度的比较。由于马克思、恩格斯没有经历过社会主义社会，因此，他们并未明确地讨论过社会主义文化问题。也没有对社会主义社会的文化特征作出全面的、具体的论述。对此，著名学者黄楠森曾说："马克思主义的历史观中包括文化理论，但由于马克思主义历史观的理论框架主要由生产力和生产关系、经济基础和上层建筑构成，而不是由经济、政治和文化构成的，因而马克思、恩格斯、列宁等经典作家虽然对经济、政治都有过论述，也多次谈到文化问题，却缺乏系统的文化理论。"① 我们只能从马克思、恩格斯的著作中找到两类相关的论述，一类是关于社会精神文化与政治、经济之间相互关系的论述；一类是对资本主义社会精神文化生活的否定性论述。

    关于社会精神文化与政治、经济之间的关系。马克思主义认为，第一，作为社会意识形态的社会精神文化是由社会存在决定的。在《共产党宣言》中，马克思、恩格斯强调："人们的观念、观点和概念，一句话，人们的意识，随着人们的生活条件、人们的社会关系、人们的社会存在的改变而改变，这难道需要经过深思才能了解吗？"② 马克思在《〈政治经济学批判〉序言》指出："物质生活的生产方式制约着整个社会生活、政治生活和精神生活的过程。不是人们的意识决定人们的存在，相反，是人们的社会存在决定人们的意识。"③ 这里所说的社会存在就是一定社会的经济基础和政治制度、人与人的经济关系和政治关系。继后，在《〈政治经济学批判〉序言》中，马克思对物质生活与精神文化生活之间的逻辑关系作了深刻论述。他指出："人们在自己生活的社会生产中发生一定的、必然的、不以他们的意志为转移的关系，即同他们的物质生产力的一定发展阶段相适合的生产关系。这些生产关系的总和构成社会的

――――――――――

    ① 黄楠森：《马克思主义文化理论的运用与发展》，《光明日报》2002年4月9日。
    ② 《马克思恩格斯选集》第1卷，人民出版社1995年版，第291页。
    ③ 《马克思恩格斯选集》第2卷，人民出版社1995年版，第32页。

经济结构，即有法律的和政治的上层建筑竖立其上并有一定的社会意识形式与之相适应的现实基础。"① 第二，社会的精神文化是有阶级性的，一个社会的思想文化是这个社会占统治地位的统治阶级的思想文化。正如马克思在《德意志意识形态》中指出的："统治阶级的思想在每一时代都是占统治地位的思想。这就是说，一个阶级是社会上占统治地位的物质力量，同时也是社会上占统治地位的精神力量……构成统治阶级的各个人也都具有意识，因而他们也会思维；既然他们作为一个阶级进行统治，并且决定着某一历史时代的整个面貌，那么不言而喻，他们在这个历史时代的一切领域中也会这样做，就是说，他们还作为思维着的人，作为思想的生产者而进行统治，他们调节着自己时代的思想的生产和分配；而这就意味着他们的思想是一个时代的占统治地位的思想。"② 恩格斯也指出："政治、法、哲学、宗教、文学、艺术等等的发展是以经济发展为基础的。但是，它们又都互相作用并对经济基础发生作用。"③ 马克思和恩格斯的上述论述，阐明了文化与政治、经济之间的逻辑关系，即一定的文化是一定的经济、政治的产物，反过来又对一定的经济、政治产生影响。

关于对资本主义社会精神文化生活的否定性论述。马克思、恩格斯在《共产党宣言》中曾明确指出："共产主义革命就是同传统的所有制关系实行最彻底的决裂；毫不奇怪，它在自己的发展进程中要同传统的观念实行最彻底的决裂。"④ 马克思、恩格斯的这一论述说明，社会主义与资本主义不仅在经济制度方面在本质上是不同的，而且在文化上也是根本不同的，社会主义文化是对资本主义文化的根本否定。在《共产党宣言》中，马克思、恩格斯还论述了资产阶级的精神文化的本质特征并进行了深刻批判。他们指出："资产阶级在它已经取得了统治的地方把一切封建的、宗法的和田园诗般的关系都破坏了。它无情地斩断了把人们束缚于天然尊长的形形色色的封建羁绊，它使人和人之间除了赤裸裸的利害关系，除了冷酷无情的'现金交易'，就再也没有任何别的联系了。……它把人的尊严变成了交换价值，用一种没有良心的贸易自由代替了无数特许的和自力挣得的自由。总而言之，它用公开的、无耻的、直接的、露骨的剥削代替了由宗教幻想和政治幻想掩盖着的剥削。资产阶级抹去

---

① 《马克思恩格斯选集》第 2 卷，人民出版社 1995 年版，第 32 页。
② 《马克思恩格斯选集》第 1 卷，人民出版社 1995 年版，第 98~99 页。
③ 《马克思恩格斯选集》第 4 卷，人民出版社 1995 年版，第 732 页。
④ 《马克思恩格斯选集》第 1 卷，人民出版社 1995 年版，第 293 页。

了一切向来受人尊崇和令人敬畏的职业的神圣光环。它把医生、律师、教士、诗人和学者变成了它出钱招雇的雇佣劳动者。资产阶级撕下了罩在家庭关系上的温情脉脉的面纱，把这种关系变成了纯粹的金钱关系。"① 马克思、恩格斯的这一段论述指出了资本主义文化受物质关系的影响最终被异化的现象，深刻地揭示资本主义文化的本质特征。

尽管马克思、恩格斯没有对社会主义文化作出明确、具体的论述，但是从某种意义上说，我们仍然可以从马克思关于文化与政治、经济的关系，特别是可以从资本主义文化的否定方面去理解社会主义文化的基本特征。第一，社会主义文化的本质就是反对一切剥削阶级的旧文化，建立社会主义的新文化。马克思、恩格斯在《共产党宣言》中提出的"两个决裂"的著名论断，从本质方面揭示了社会主义文化就是对资本主义文化和其他一切剥削阶级旧的扬弃和彻底否定，这种否定就是社会主义新文化。第二，社会主义文化的精神实质是要实现人的自由而全面的发展。马克思认为"共产主义，作为完成了的自然主义，等于人道主义，而作为完成了的人道主义，等于自然主义。"② 根据马克思的论述，共产主义运动的文化精神就是扬弃异化，从而实现人的全面解放。第三，指出了社会主义文化的根本任务。马克思指出：无产阶级在取得政权之后，要立刻"着手摧毁作为压迫工具的精神力量"③。第四，指出了社会主义文化的建设途径。马克思指出："生产劳动同智育和体育相结合，它不仅是提高社会生产的一种方法，而且是造就全面发展的人的唯一方法。"④

从上述论述中可以看出，马克思、恩格斯抽象概括了社会主义文化的基本特征。但是，对于社会主义社会，无产阶级如何实现文化统治，这种文化统治与经济、政治统治有何不同，马克思没有论及，其具体形式是由后来的社会主义者创造的。

中国特色社会主义道路在文化上，由于历史条件的影响和现实政治、经济发展的制约，还不能完全排斥"传统的观念"。在现阶段，只能坚持以马克思主义一元化引领多样化的社会思潮。也就是说必须坚持和巩固马克思主义在意识形态领域的指导地位，牢牢把握社会主义先进文化的前进方向，坚持不懈地

---

① 《马克思恩格斯选集》第1卷，人民出版社1995年版，第274~275。
② 马克思：《1858年经济学手稿》，人民出版社1985年版，第77页。
③ 《马克思恩格斯选集》第3卷，人民出版社1995年版，第56页。
④ 《马克思恩格斯全集》第23卷，人民出版社1972年版，第530页。

用马克思主义中国化最新成果武装全党、教育人民,使社会主义意识形态取得相对于其他社会思潮的优势地位,使中国特色社会主义成为全党全国各族人民团结奋斗的共同思想基础。中国特色社会主义道路在文化上,与科学社会主义基本原则的有机结合,集中体现在"积极探索用社会主义核心价值体系引领社会思潮的有效途径,主动做好意识形态工作,既尊重差异、包容多样,又有力抵制各种错误和腐朽思想的影响"。①

4. 中国特色社会主义的社会建设与马克思经典社会主义的社会建设的比较。由于马克思、恩格斯没有经历过社会主义的实践,所以关于未来社会建设和发展问题,他们没有也不想作出更多更具体的说明,只是在对资本主义社会的批判中对未来社会作了某些科学预测和论述。但是,从这些论述和科学预测中,我们仍然可以捕捉到马克思、恩格斯在社会主义社会建设方面的一些主要思想和观点。按照马克思、恩格斯的设想,未来社会主义社会是实现了人自由而全面的发展,是人与自然、人与社会和人与人之间关系和谐的社会。马克思、恩格斯在《共产党宣言》中指出,"提倡社会和谐","是关于未来社会的积极主张"。马克思、恩格斯认为资本主义社会是非正义、不和谐的社会,资本主义私有制是导致资本主义社会人与人、人与社会、人与自然关系紧张的实质和根源。而作为资本主义的对立物和代替物的未来社会主义社会,由于消灭了私有制,消除了"三大"差别,社会生产力极大发展,社会物质财富极大丰富,人民思想境界极大提高,生产的决定性目的不再是剩余价值的无穷积累,而是为了满足人们各种生活的有限需求。因此,社会主义社会"是人和自然界之间,人和人之间的矛盾的真正解决"。② 在这种制度下,"不再有任何阶级差别,不再有任何个人生活资料的忧虑",③ 在这种制度下"第一次能够谈到真正的人的自由,谈到那种同已被认识的自然规律相和谐一致的生活"。④ 到那时,"人终于成为自己的社会结合的主人,从而也就成为自然界的主人,成为自身的主人——自由的人。"⑤

我国现阶段在社会建设上,由于受经济发展水平等因素的影响和制约,还

---

① 《中国共产党第十七次全国代表大会文件汇编》,人民出版社2007年版,第56页。
② 马克思:《1858年经济学手稿》,人民出版社1985年版,第77页。
③ 《马克思恩格斯选集》第3卷,人民出版社1995年版,第456页。
④ 同上。
⑤ 《马克思恩格斯全集》第42卷,人民出版社1979年版,第443页。

不可能完全解决人与人、人与社会、人与自然之间的矛盾，立即实现马克思主义设想的每个人的全面而自由的发展，只能逐步地消除这些矛盾，尽可能地"不断推进人的全面发展"，"努力促进人的全面发展"。中国特色社会主义社会建设就是把马克思主义构建社会主义和谐社会这一思想与中国社会主义初级阶段基本国情相结合，着力加强以保障和改善民生为重点的社会建设，"努力使全体人民学有所教、劳有所得、病有所医、老有所养、住有所居"，①保障社会公平正义，不断推进社会和谐。

从中国特色社会主义道路与马克思科学社会主义的比较中可以看出，二者虽有不同，但仍然存在着紧密的联系，体现着"源"和"流"、共性与个性、普遍性与特殊性的关系。科学社会主义是"源"、共性与普遍性；中国特色社会主义道路是"流"、个性与特殊性。但是中国特色社会主义道路没有脱离马克思主义的科学社会主义，而是对科学社会主义的坚持、继承和发展，是科学社会主义在当代中国发展的创新模式。正如党的十七大报告指出的："中国特色社会主义道路之所以完全正确、之所以能够引领中国发展进步，关键在于我们既坚持了科学社会主义的基本原则，又根据我国实际和时代特征赋予其鲜明的中国特色。"②

（二）中国特色社会主义道路与苏联传统社会主义模式

所谓"苏联模式"，一般是指苏联建设社会主义的方式，其基本内涵也包括政治、经济、文化等各个方面。③苏联模式形成于20世纪20年代末到50年代中期，是以马克思主义经典社会主义理论为依据，由列宁开创，斯大林建立起来的第一个社会主义制度的实践。这种模式建立后，虽经后来执政的赫鲁晓夫、勃列日涅夫、安德罗波夫等一定程度的改革，但并没有任何实质上的变化，反而日益凝固、僵化。1985年戈尔巴乔夫执政后，苏联模式的基本制度被彻底否定并改向，直接导致苏联解体。

苏联模式是科学社会主义在苏联具体国情条件下的特定产物，这种模式因适应了20世纪上半叶战争与革命特定的历史条件，曾一度显示出较强的生命

---

① 《中国共产党第十七次全国代表大会文件汇编》，人民出版社2007年版，第36页。
② 同上书，第11页。
③ 吴恩远：《"中国特色社会主义"和"苏联模式"关系析论》，《马克思主义研究》2007年第8期，第5页。

力,在处于资本主义封锁包围的特殊环境中,将苏联从一个经济政治文化落后的国家建成相对强大的社会主义国家,不仅对苏联社会发展发挥了促进作用,而且对后来诞生的社会主义国家的建设起到了示范效应,被看做是社会主义的唯一模式。然而,当时代主题由战争与革命转变为和平与发展时,苏联模式没有顺应时代发展潮流,没有得到及时调整,其缺陷和弊端日趋突显出来,极大地阻碍了苏联经济、政治和社会的继续发展,最终导致苏联解体。苏联模式的弊端也严重影响了包括中国在内的其他社会主义国家的建设和实践。中国特色社会主义道路正是在反思苏联模式的经验教训中逐步形成的,是对苏联模式的创新和发展。今天,只有首先把中国特色社会主义道路放在与苏联模式的比较中,才能正确认识和把握中国特色社会主义道路的历史地位与时代价值。

1. 中国特色社会主义的基本经济制度与苏联模式社会主义的基本经济制度的比较。在社会主义基本经济制度方面,中国特色社会主义与苏联社会主义模式都坚持了马克思科学社会主义基本原则,实行生产资料公有制并实行按劳分配制度。但是具体的运行机制和体制有着很大区别。第一,在所有制方面。苏联模式坚持单一的公有制,即全民所有制(实质是国家所有制)和集体所有制。全民所有制被认为是比集体所有制更高级、更优越、更进步的公有制形式,在苏联国民经济中占据绝对统治地位。据1936年统计,在苏联工业产值中,国家所有制的比重占97.3%,集体所有制占2.6%,在农业产值中,国家所有制也占到76%,集体所有制占20.3%。① 中国特色社会主义道路实行公有制为主体,个体、私营、中外合资、国外独资等多种所有制共同发展的所有制形式。在公有制的实现形式与公有制的理解上也与苏联模式不同。中国特色社会主义道路把公司制、股份制作为公有制主要形式,并且认为公有制经济不仅包括国有经济、集体经济还包括混合所有制经济中的国有成分与集体成分。公有制经济占主体不仅体现在数量上,而且体现在质量和控制力上。第二,在经济体制上,苏联模式实行中央高度集权的计划经济,限制商品货币关系,忽视价值规律,排斥市场机制,把行政命令作为经济管理的主要手段。国家机关和中央各部门由上而下几乎管理和控制了地方、企业的人力、物力、财力和生产、供给、销售等全部经济活动。指令性计划十分广泛,几乎无所不包,一旦制订出来,经过最高苏维埃的批准,就具有了法律效力,企业必须执行。斯大

---

① 转引王书会:《中国特色社会主义是对苏联模式的根本否定》,《探索与争鸣》2007年第12期,第7页。

林在比较社会主义计划和资本主义计划的不同特点时，明确指出了计划经济的强制效力。他说，在资本主义国家，"它们那里也有某种类似计划的东西。但这是一种臆测的计划，想当然的计划，这种计划谁也不必执行，根据这种计划是不能领导全国经济的。我们这里就不同了。我们的计划不是臆测的计划，不是想当然的计划，而是指令性的计划，这种计划各级领导机关必须执行，这种计划能决定我国经济在全国范围内将来发展的方向"。① 尽管到晚年，斯大林也承认社会主义依然存在着商品生产，价值规律仍起作用。但他认为，生产资料和劳动力不是商品，只有消费资料是商品，价值规律只在消费品流通领域有一定调节作用。仍然没有改变把商品经济视为社会主义的异物的思想认识。与苏联模式的经济体制不同，中国特色社会主义道路实行社会主义市场经济体制，使市场在国家宏观调控下对资源配置起基础性的作用。破除了计划经济等于社会主义、市场经济等于资本主义，把计划经济和市场经济作为区分社会基本制度标准的思想束缚，确立了社会主义市场经济体制改革的目标。强调"计划多一点还是市场多一点，不是社会主义与资本主义的本质区别。计划经济不等于社会主义，资本主义也有计划，市场经济不等于资本主义，社会主义也有市场。计划和市场都是经济手段"。② 第三，在经济发展途径上，苏联模式实行封闭半封闭的政策，排斥资本主义，限制东西方之间的经济、科技和文化交流，从而阻碍了社会主义国家经济建设的发展，拉大了与西方的发展差距。中国特色社会主义在坚持国家政治独立和社会主义道路的前提下，实行全方位的对外开放政策，利用人类社会创造的一切文明成果，特别是资本主义发达国家的一切反映现代社会化生产规律的先进经营方式、管理方法来建设社会主义。第四，在分配制度上。苏联模式实行单一的按劳分配，过于强调平等，甚至往往把吃"大锅饭"、搞平均主义视为社会主义的公平原则。中国特色社会主义坚持按劳分配为主体，多种分配方式并存的分配制度。就全社会整体来说，实行的是按劳分配为主体，同时允许资本、技术、管理等生产要素按贡献大小参与分配，允许和鼓励一部分地区和一部分人先富起来，最终达到共同富裕。第五，在工业化发展战略上。为了在短时期内使经济赶上并超过发达资本主义国家，苏联实行以优先发展重工业作为战略重点，以剥夺农民和牺牲农

---

① 《斯大林全集》第 10 卷，人民出版社 1954 年版，第 280 页。
② 《邓小平文选》第 3 卷，人民出版社 1993 年版，第 373 页。

民，通过工农业产品价格剪刀差作为积累资金的手段的高速赶超型经济发展战略。斯大林指出："不是发展任何一种工业都是工业化。工业化的中心，工业化的基础，就是发展重工业（燃料、金属等等），归根到底，就是发展生产资料的生产，发展本国的机器制造业。"① 由于片面发展重工业，特别是重点发展国防工业，造成国民经济格局畸形发展，轻工业相对落后，消费品生产供应严重不足，人民生活水平难以真正提高。由于片面追求经济增长率，追求高速度，不惜以大量浪费人力、物力资源、牺牲环境为代价，导致国家缺乏长期可持续发展后劲。中国特色社会主义道路坚持以人为本，统筹兼顾，全面协调可持续的发展战略，努力实现经济又好又快发展。这与苏联赶超型、优先发展重工业的经济发展模式也是根本不同的。

2. 中国特色社会主义的基本政治制度与苏联模式社会主义的基本政治制度的比较。苏联模式与中国特色社会主义道路都坚持共产党的领导，坚持无产阶级专政，但是在具体的政治体制上则有许多不同。第一，苏联实行的是高度集权的一党制。党外无党，一党独存，排斥其他政党和其他政治力量。斯大林曾明确宣布：在苏联"没有几个政党存在的基础"②，"只有一个党，即共产党存在的基础"。③ 在领导体制方面，民主集中制的组织原则被严重破坏，权力高度集中到最高领袖一人手中，从而导致了个人集权制、领导职务终身制以及指定接班制的形成。中国特色社会主义道路坚持中国共产党领导下的多党合作和政治协商制度。强调集体领导，注重党的自身建设，通过加强和改善党的领导，不断促进党的执政能力的提高。第二，苏联实行的是高度集权的党国体制。在执政党与国家的关系上，过分强调党的领导，党代替人民亲自管理国家，代表制民主和人民参政议政、当家做主的权利实际上失去效力。斯大林提出，"在我们苏联，在无产阶级专政的国家里，我们的苏维埃组织和其它群众组织，没有党的指示，就不会决定任何一个重要的政治问题或组织问题——这个事实应当认为是党的领导作用的最高表现。"④ "无产阶级专政是党的指示加上无产阶级群众组织对这些指示的实行，再加上居民对这些指示的实行。"⑤

---

① 《斯大林全集》第 8 卷，人民出版社 1954 年版，第 112~113 页。
② 《斯大林选集》（下卷），人民出版社 1979 年版，第 408 页。
③ 同上。
④ 《斯大林全集》第 8 卷，人民出版社 1954 年版，第 36 页。
⑤ 同上书，第 38 页。

在这种思想指导下,党政不分、以党代政、党政一体化现象不可避免,国家最高权力机关苏维埃实际上成了党的表决机器。中国特色社会主义在政治发展道路上,始终坚持党的领导、人民当家做主、依法治国有机统一。改革开放以来,中国共产党一直将理顺党政关系,加强、改善党的领导,作为政治体制改革的基本目标,坚持和完善人民代表大会制度、强调依靠各族人民的团结,依靠拥护社会主义的爱国者和拥护祖国统一的爱国者组成的最广泛的爱国统一战线,不断推动民主的制度化、法律化、规范化和程序化,实施依法治国基本方略。第三,苏联实行的是高度集权的国家结构形式。苏联名为联邦制国家,实际上成为单一制国家。苏联宪法规定其为联邦制国家,各加盟共和国享有主权国家地位和自由退出联盟的权利。但实际上,由于苏联实行中央高度集权体制,各加盟共和国的政治、经济、文化等所有大权都集中于联盟中央,各加盟共和国必须一切听命于联盟中央,缺乏应有的自主权。这也使得苏联原有的民族矛盾越积越深,最终导致其在20世纪90年代的迅速解体。民族矛盾给今日的俄罗斯也带来了严重后遗影响。中国特色社会主义根据中国历史和现实国情,实行民族区域自治和"一国两制"的国家制度形式,即有效地维护了国家统一,促进了各民族团结,又充分发挥了地方的积极性和主动性。

3. 中国特色社会主义的基本文化制度与苏联模式社会主义的基本文化制度的比较。第一,苏联在社会思想上,采取中央严格的集中控制和行政干预,使全党、全社会的思想和舆论都高度统一于苏共中央,最后统一于党的最高领袖。中国特色社会主义在意识形态领域中坚持的是马克思主义指导思想的一元化与社会文化多样性的统一,坚持用社会主义核心价值体系引领社会思潮和文化追求。第二,在文化政策上,苏联实行文化的单一性政策,排挤、反对多元文化。苏联主要依靠行政手段对学术和思想问题进行干预、管理,经常把学术问题政治化。由于过分强调意识形态领域里的阶级斗争,搞文化专制主义,扼杀了学术民主,制约了文艺创新,影响了科学文化的发展。而在戈尔巴乔夫时期,在文化发展上又走向了另一个极端,放弃了文化的领导权,导致国内社会思潮泛滥,意识形态权威瓦解。而中国特色社会主义在文化政策上,一方面强调"百花齐放,百家争鸣"的方针,避免学术问题政治化,促进文化的大发展和大繁荣,另一方面又始终坚持文化领导权,强调社会主义先进文化的主旋律,弘扬民族精神和时代精神,努力构建社会主义核心价值体系,反对各种错误文化思潮。既坚持了文化多样性、开放性,又坚持了文化的统一性和先进性。

4. 中国特色社会主义的社会建设与苏联模式社会主义的社会建设的比较。苏联实行的是高度集中统一的社会管理模式。首先是对公民生活的全方位包揽。公民的一切活动，包括生老病死、教育、就业和各项福利保障等，都要依赖国家（单位），一个人一旦脱离了国家（单位），是难以生存下去的。其次是对社会团体的严格控制。在苏联，党和国家对社会团体具有绝对的领导地位，苏共主要通过赋予社会团体及其干部官方性质和行政级别，将其纳入体制内，实现对其的严格管理与控制。由于实行社会控制，统得过死，致使社会缺乏生机和活力。中国特色社会主义在坚持不断巩固和完善社会主义制度的前提下，尊重社会多元化，培育和规范各类社会组织，注重民生，注重社会公平、正义，努力构建有利于社会和谐的社会管理体制与运行机制。

尽管中国特色社会主义道路与传统苏联社会主义模式有诸多方面的不同，但在社会主义最基本的原则上是相同的，比如两者都坚持马克思主义理论指导，坚持公有制和按劳分配的基本经济制度，坚持共产党领导的无产阶级专政的政治制度，等等。中国特色社会主义道路不是对苏联社会主义模式的全盘否定，而是对苏联模式的继承、发展和创新，是对苏联模式的超越。

（三）中国特色社会主义道路与现存国外社会主义模式

中国、越南、老挝、古巴、朝鲜是20世纪80年代末90年代初苏东剧变后现存的5个社会主义国家。这些国家在社会主义建设的过程中，无一例外都曾照抄照搬过苏联模式，使社会主义建设出现了不同程度的失误和挫折。20世纪70年代以来，特别是苏东剧变后，这些国家逐步认识到了本国社会主义建设的弊端，大胆改革，开始积极探索适合本国情况的发展道路。这些社会主义国家的改革历史并不长，短的只有几年，长的也不过二十几年，大都还没有形成一个稳定的完善的发展模式。但这些国家在改革开放的实践中，都注重从本国实际出发，开始走有本国特色的社会主义发展道路。例如，中国认为中国还处在社会主义初级阶段，提出走"中国特色的社会主义道路"及初级阶段的社会主义道路；越共认为越南还处在"社会主义过渡时期的初级阶段"，提出发展以社会主义为方向、革新开放的越南特色社会主义道路；老挝认为自己还不具备建设社会主义的物质条件，当前处在向社会主义过渡的初级阶段，提出巩固和完善人民民主制度，实行有原则的全面革新路线，为逐步向社会主义过渡准备物质基础。古巴强调古巴的社会主义建设必须从古巴的实际情况出发，改革不能偏离社会主义方向，提出"不放弃革命原则，不放弃人民政权，不放弃为民造福"①的具有古巴特色的社会主义建设道路。朝鲜早在20世纪50年代就认识到不能照抄照搬别国的东西，到了80年代特别是在我国改革开放之后，这个命题更加明确，在实际上也开始了探索朝鲜式的社会主义建设道路。总之，这些国家在探索社会主义道路中都注重从本国实际出发，相互学习，相互借鉴，又不照抄照搬别国模式，在政治、经济、文化和社会建设等基本理论和实践问题上形成了基本共识，同时又体现了鲜明的本国特色。

1. 中国特色社会主义在基本经济制度与现存国外社会主义的基本经济制度的比较。在坚持社会主义基本经济制度上，五国在本质上是相同的，都坚持公有制和按劳分配的基本原则。但是在具体的内容和体制上，各国也有一些差别。第一，在所有制方面，除朝鲜实行的是生产资料的国家所有制和合作社所有制两种公有制形式外，中国、越南、老挝和古巴在所有制上都改变了过去"一大二公"的格局，大力发展非公有制经济，实行以公有制为主体、多种经济成分并存的所有制结构。目前，在中国及其他几国的经济实践中，除了占主体地位的公有制经济外，还有各种各样的非公有制经济，比如：个体经济、私营经济、外资经济、合作社经济、家庭经济、股份经济、混合经济，等等。2009年中国工信部统计，中国非公有制经济占GDP的比重从1979年的不足千分之一增长到目前已超过1/3，非公有制经济投资已占到全社会固定资产投资比重的50%。据统计，在40个工业部门中，非公有制经济在27个部门中的比例已经超过50%，在部分行业已经超过70%，成为推动行业发展的主体。目前，越南的非公有制经济发展势头及其比重都高于中国。早在2003年越南非公有制经济占GDP的比重就已经超过50%，比中国当时要高20个百分点。老挝从1991年五大以来，一直强调要由自然和半自然经济向市场经济过渡。目前，以公有制为基础、多种所有制成分、多种所有制形式并存的格局初步形成。近年来古巴的非公有制经济发展很快，古巴过去一直重视国家和集体所有形式，忽视甚至排斥个体小农和其他个体劳动者的作用。劳尔·卡斯特罗上任以来，对所有制形式的认识有了重大变化，强调各种所有制可以和平共处。他指出，大企业、各种形式的合作社和小农生产者"都是能够和睦相处的所有

---

① 杨双：《国外社会主义改革的动力——兼论越南老挝朝鲜古巴社会主义改革的主要成就》，《中共云南省委党校学报》2006年第7期，第42页。

制形式和生产形式，没有任何一个是与社会主义相排斥的"。① 朝鲜80年代开始搞外资，90年代创办经济特区，但是由于受国际环境因素的制约，外资经济和经济特区的影响不大。朝鲜在所有制方面主要是实行国家和集体两种公有制形式，近年来随着时代的发展，所有制形式也在逐步调整。

第二，在分配制度方面。越南、老挝同中国一样，坚持按劳分配为主体，多种分配方式并存的分配制度，允许生产要素按贡献参与分配，允许适度的贫富差距，支持和鼓励一部分地区、一部分人通过合法途径先富起来。朝鲜与古巴，采取的基本是平均主义的分配方式。但近年来，古巴、朝鲜在分配方式也逐渐发生了变化。古巴逐渐向按劳分配为主体的多种分配方式发展。在2008年4月第七届全国人代会第一次会议闭幕式的讲话中，劳尔·卡斯特罗指出："社会主义意味着社会公正和平等，但是权利的平等，机会的平等，而非收入的平等。平等不是平均主义。归根结蒂，平均主义也是一种剥削形式：勤劳的劳动者受到不勤劳的劳动者甚至好吃懒做者的剥削。"② 古巴逐步调整了过高的社会福利性分配，但免费教育和医疗等基本福利体系的格局没有改变。朝鲜也逐渐放弃了过去长期实行的"干好干坏、干与不干都一样"的平均主义分配方式，采取了"按劳取酬、多劳多得"的分配制度。

第三，在经济体制方面。中国、越南、老挝的认识比较相似，都主张要建立"市场经济体制"，但各自在提法上也有所差别。中国主张并已经建立了社会主义市场经济体制。中国共产党强调"社会主义市场经济体制是同社会主义基本制度结合在一起的"③，是社会主义条件下的市场经济。社会主义市场经济的基本标志是以生产资料公有制为主体。越南提出的是建立"社会主义定向的按市场机制运行的政府管理的多种经济成分的商品经济"。④ 老挝提出建立国家调节的市场经济。古巴强调坚持"计划经济体制"，但要"充分利用市场"。朝鲜仍坚持高度集中的计划经济体制。朝鲜认为社会主义只能是"计划经济"。金正日指出："在国家统一领导下有计划经营管理国民经济，是社

---

① 宋晓平：《古巴关于社会主义理论和实践的探索》，《红旗文稿》2009年第9期，第36页。
② 同上。
③ 《十四大以来重要文献选编》（上），人民出版社1996年版，第19页。
④ 《越南共产党第九次全国代表大会文件》（中文版），越南世界出版1991年版，第23页。

会主义经济发展合乎规律的要求"①,"如果把个别企业的独立性和眼前的经济利益放在首位,拒绝接受国家的领导和监督,那么,到头来,就会招致破坏社会主义经济制度、复活资本主义市场经济的后果"。②

2. 中国特色社会主义的基本政治制度与现存国外社会主义的基本政治制度的比较。五国同为社会主义主义国家,都坚持无产阶级专政,坚持共产党的领导。所以在政治制度上没有根本性的区别,只是在具体的提法和细节上有些区别。首先,在国体上,中国、越南、老挝采取的是人民民主专政的国家制度形式;古巴采取的是无产阶级专政的国家制度形式;朝鲜1992年修改宪法,把"实行无产阶级专政"改为"加强人民民主专政"。其次,在政体上,中国是人民代表大会制。全国人民代表大会是国家的最高权力机关,全国人大不仅有自己的常设机构——全国人大常委会,而且在县级以上的地方各级人大都设立了人大常委会,全国人大的代表由间接选举产生,间接选举仅在县级以下进行。越南、老挝、古巴是国会制度。越南仅有国会这个层次上设有其常设机构——国会常务委员会,而地方各级人民代表会议没有自己的常设机构,国会代表通过直接选举产生。老挝国会(原称最高人民议会)是国家最高权力机构和立法机构,国会常委会是常设机构,国会议员由地方直接选举产生。古巴的全国人民政权代表大会即议会,是国家最高权力机关,享有修宪和立法权,国务委员会是常设机构,国会议员通过直接选举产生。在全国人民政权代表大会休会期间代表其行使国家权力。朝鲜是人民会议制度。最高人民会议是国家最高权力机关,行使立法权。人民会议在全国和地方均设有常设机构,最高人民会议代表直接选举产生。第三,在政党制度上,五国实行的都是一党领导制。不同的是中国、朝鲜是一党领导下的多党合作制。中国实行的中国共产党领导,与中国国民党革命委员会、中国民主同盟、中国民主建国会、中国民主促进会、中国农工民主党、中国致公党、九三学社、台湾民主自治同盟八党派合作的政党制度,朝鲜实行朝鲜劳动党执政兼与朝鲜社会民主党和天道教青友党等民主党派合作的政党制度;而越南、老挝、古巴是单一政党制。越南共产党是越南唯一的政党,老挝人民革命党是老挝唯一政党,古巴共产党是古巴唯

---

① 佚名:《朝鲜、越南、老挝和古巴社会主义理论的新动》,[EB/OL]. http://www.dyzj.gov.cn/,2006年5月31日。

② 同上。

一合法政党。

3. 中国特色社会主义的基本文化制度与现存国外社会主义的基本文化制度的比较。第一，在社会主义文化建设上，五国都坚持一元化的马克思主义指导思想，反对指导思想的多元化。但是各国都主张马克思主义必须与本国实际相结合；必须与本民族的优秀传统文化相结合，都强调本国特色。比如，在指导思想上中国坚持的是马克思主义与中国实际相结合的中国化马克思主义即包括邓小平理论、"三个代表"重要思想和科学发展观在内的中国特色社会主义理论体系；越南坚持的是马列主义与越南国情相结合的是胡志明思想；老挝以马列主义为其基本指导思想，虽然在概念的表述上没有新的变化，但是老挝强调对其坚持的马列主义必须要结合老挝的国情，创造性地加以运用；古巴提出以马列主义、马蒂思想和卡斯特罗思想为古共的指导思想；朝鲜以金日成创立的主体思想作为自己指导思想。第二，各国都提出了根据本国实际，在意识形态领域必须坚持的基本原则。中国提出坚持四项基本原则，即坚持社会主义道路；坚持无产阶级专政；坚持共产党的领导。坚持马列主义、毛泽东思想。越南提出坚持五项原则，核心是坚持社会主义目标和理想；坚持无产阶级专政和党的领导。老挝提出坚持"六项原则"，即坚持社会主义；坚持马列主义是党的思想基础；党的领导是一切胜利的决定因素；坚持在集中原则基础上发扬民主；增强人民民主专政力量和效力；坚持真正的爱国主义和纯洁的国际主义相结合。古巴提出坚持"三不放弃"，即不放弃革命原则；不放弃人民政权；不放弃为民造福的目标。朝鲜提出在思想上树立主体，政治上自主，经济上自立，国防上自卫。第三，在社会主义文化建设战略上，中国提出以社会主义核心价值体系引领多样化社会思潮。越南提出建设先进的、富有浓厚民族特色的社会主义文化。老挝淡化意识形态，增加文化的包容性。古巴提出强化社会主义教育。

4. 中国特色社会主义的社会建设与现存社会主义的社会建设的比较。五国都比较重视社会建设，注重广大人民生活质量的提高，注重社会公平等。但在具体实践上，各国还有一定的差别。中国、越南、老挝这三个实行社会主义市场经济改革的国家，由于引进了竞争机制，打破了长期存在的分配上的平均主义，经济上获得快速发展，人民生活水平整体上得到提高。但是，同时由于长期以来经济社会发展不平衡又引发了社会分配不公、贫富差距拉大、教育、医疗、就业等社会保障制度滞后、社会矛盾增多等诸多社会问题，影响了社会稳定和改革开放的进一步发展。这个问题在中国更加突出一些。中国政府日益认识到了这个问题的严重性。近年来，相继制定了一系列具体明确的社会建设政策，推动和谐社会建设。中国共产党的十七大报告就明确提出"必须在经济发展的基础上，更加注重社会建设，着力保障和改善民生，推进社会体制改革，扩大公共服务，完善社会管理，促进社会公平正义，努力使全体人民学有所教、劳有所得、病有所医、老有所养、住有所居"。① 越南、老挝也逐渐意识到了社会建设的重要性，正在相继出台一些解决就业、消除贫困、保护儿童、工资福利、社会安全等一系列的社会政策，但是至今还没有像中国一样具体化和清晰化。仍然坚持"计划经济"体制的古巴和朝鲜，在社会保障和福利制度方面，基本上是平均分配，两国社会贫富差距较小，社会相对比较稳定。近年来，虽然两国逐渐调整了过高的社会福利性分配，但免费教育和医疗等基本福利体系的格局没有改变，政府对一些基本消费品仍然给予高额补贴，公共事业（水、电、煤气、通信、公交等）收费也很低。由于国家整体经济发展水平较低，总体上仍未摆脱"票证经济"、"短缺经济"的困扰，人民生活仍然比较清苦。

　　综上所述，中国、越南、老挝、古巴、朝鲜五国尽管在指导思想、政治制度、经济制度、文化制度与社会体制等方面有许多相同或相近的地方，都坚持了科学社会主义的基本原则。但是由于五国的具体国情不同，各国在社会主义建设道路探索中的具体实践也不尽相同。这是由各国国情的差异性所决定的。我们既不能因为五国在社会主义建设道路的探索中有共同之处就认为社会主义是统一的模式，也不能认为五国的具体实践有不同之处，就对其社会性质提出质疑。过去社会主义国家普遍奉行"一个模式"的教训是沉痛的。社会主义前进道路与发展模式的多样化，是苏东剧变后，当今社会主义国家执政党在探索"什么是社会主义，怎样建设社会主义"问题上取得的重要理论和实践成果。这对进一步丰富完善马克思主义科学社会主义理论与实践，推动科学社会主义运动的健康发展具有重要意义。

---

① 《中国共产党第十七次全国代表大会文件汇编》，人民出版社2007年版，第36页。

二、中国特色社会主义道路与当代资本主义发展模式之比较

社会主义与资本主义是当代世界并存的根本对立的两种社会制度，二者在对立统一中存在，在相互竞争中发展。中国特色社会主义道路作为社会主义的一种发展模式，与资本主义道路在本质上是不同的。但是由于中国特色社会主义道路是在吸收和借鉴资本主义文明成果基础上形成和发展起来的，二者又有一定的联系。同社会主义发展道路的多样性一样，世界上各种不同的资本主义国家除了具有其共同的本质特征，即生产资料私有制、主要依靠市场配置资源、实行资产阶级专政外，由于各国的历史文化传统、自然地理环境、社会经济发展状况、国内阶级关系的状况、阶级力量的对比等具体国情的不同，因而又具有不同的发展模式。就各国的实践角度而言，可分为：美国模式、德国模式、日本模式、非洲模式、拉美模式、东南亚模式等。就市场经济的角度而言，又可分为英美自由市场经济，即盎格鲁——撒克逊模式、德国社会市场经济，即莱茵模式、日本政府主导市场经济、俄罗斯休克疗法的市场经济，等等。概括起来，当代资本主义发展模式可以归结为以下两种：一是发达资本主义发展模式；二是后发资本主义发展模式。本文仅从宏观角度就以上两种发展模式与中国特色社会主义道路作一比较。

（一）中国特色社会主义道路与西方发达资本主义国家发展模式

西方发达资本主义国家，包括东方日本，这些国家在现代化过程中都经历过对国外进行殖民掠夺和海外扩张的历史，其现代化过程中事实上充满了诸多的不正义。西方发达资本主义发展模式主要包括三种，即美国模式、德国模式和日本模式。尽管这三种发展模式各自有不同的特点，但是本质上都属于典型的成熟的资本主义市场经济模式。中国特色社会主义道路与之具有本质上的区别。

1. 从指导思想上看。中国特色社会主义道路与资本主义道路的指导思想不同。中国特色社会主义道路是以马克思主义为指导思想的，资本主义道路是以新自由主义为指导思想。以马克思主义一元化为指导是由我国社会主义性质所决定的。社会主义市场经济，社会经济成分多样化，是不是指导思想可以搞多元化呢？毫无疑问，多种所有制并存，多种利益主体的存在，肯定会出现多

种思想观念和价值取向。但是，所有制形式的多样化，并不等于指导思想就要多元化。我国发展社会主义市场经济，实行多种所有制和分配方式并存，导致利益主体、经济成分日益多样化，但这没有也不能改变中国特色社会主义的发展方向和道路，这就决定了我国意识形态领域只能以马克思主义为指导，反对指导思想的多元化。在我国现阶段，坚持以马克思主义为指导，就是要从在我国社会主义初级阶段的基本国情出发，理论联系实际，不断推动理论创新，用马克思主义中国化的最新理论成果，即包括邓小平理论、"三个代表"重要思想以及科学发展观等重大战略思想在内的科学理论体系指导中国特色社会主义建设实践，用社会主义核心价值体系引领多样化的社会思潮，抵制新自由主义、民主社会主义以及西方的民主、自由、人权等所谓"普世价值"的侵蚀，不断增强马克思主义的吸引力和凝聚力。西方发达资本主义发展模式是以新自由主义为指导。新自由主义是产生于美国的一种政治经济思潮。上个世纪二三十年代，当资本主义处于经济"大萧条"时候，凯恩斯主义经济学代替古典自由主义经济学，成为西方社会的主流思想。20世纪70年代以来，西方国家特别是美国陷入"滞胀"——即"经济停滞、通货膨胀"，当凯恩斯主义经济学面对"滞胀"束手无策的时候，新自由主义便取而代之并逐渐兴盛发展起来。学术界关于新自由主义的概念、内涵说法各异，但就其主流学派的观点而言，主要包括四个核心观点：一是"私有化"。新自由主义主张否定公有制，极力主张全面的私有制，认为资本主义私有制是最有效率的，最符合人性的，具有无可比拟的优越性的唯一合理的永恒的经济制度。二是"自由化"。新自由主义主张绝对自由化，反对一切政府干预和宏观调控，推行无政府主义经济模式。三是"市场化"。新自由主义，认为市场是万能的，主张完全的市场化，一切经济活动都靠市场自发调节。四是"多元化"。新自由主义主张政治权利和意识形态的多元化。认为政治权利不应该为单一的利益集团所掌控，主张多元的权利中心，以避免权利垄断。在意识形态领域崇尚多元化和个人主义，认为一切价值都应当以个人为中心。

2. 从政治制度上看。中国特色社会主义是人民民主专政的社会主义国家，国家和社会的主人是以工人阶级为主体的广大劳动群众。实行人民代表大会制度、中国共产党领导下的多党合作和政治协商制度、民族区域自治制度和基层民主自治制度。党的领导、人民当家做主和依法治国的有机统一，是中国特色社会主义民主政治的根本标志和根本保障。中国特色社会主义民主政治制度符合我国历史和现实国情，是把我国建设成为富强、民主、文明、和谐的社会主义现代化国家的根本保证。特别是在现阶段，中国特色社会主义民主政治制度能够最大限度地体现社会主义制度的优越性，在我国人口多，底子薄，生产力落后，自然资源匮乏且分布不均的情况下，有能力在全国范围内强有力地调配资源，进行最为广泛的社会动员，集中力量办大事。西方资本主义国家实行的是多党制和三权分立制度。财团政党政治是其实现阶级统治的根本标志与根本保障。西方资本主义国家大多由两个或多个资产阶级政党，通过竞选轮流执政，从表面上看，这似乎是一种体现了人民选择的民主制度。而实际上，西方多党制是处于资本主义社会体系中的政治制度。在实行生产资料私有制的经济制度之下，经济资源与财富的占有和分配严重不平等。掌握较多经济资源的阶级与集团，必然要利用其掌握的经济资源，通过各种途径影响进而控制社会公共权力。在西方资本主义制度下，无论哪个政党上台执政，实际上都是代表资产阶级和大资本集团的政治力量控制国家政权。这种制度并没有改变西方资本主义国家政权是由占统治地位的资产阶级尤其是其中的大资本集团控制的实质。三权分立是同资本主义经济和政治相适应的基本政治制度，主要内容是立法权、行政权和司法权相互独立、互相制衡。它是资产阶级内部不同利益集团的利益关系斗争的产物。作为一种政治制度，三权分立的严重弊病在于，它使相当一部分权力在相互牵制中抵消，常常是议而不决、决而不行，以致造成大量的人力、物力、财力和时间的浪费。

3. 从经济制度上看。第一，在所有制上，中国特色社会主义道路坚持在以生产资料公有制为主体的基础上，实行多种所有制经济共同发展的基本经济制度。并把"消灭剥削，消除两极分化，最终实现共同富裕"作为本质要求和终极目标。而西方资本主义是建立在生产资料私有制经济基础之上，要维护的是私有制永恒发展。第二，在分配制度上，中国特色社会主义道路实行按劳分配为主体、多种分配方式并存的分配制度，通过多种政策和法规来限制和不断调整某些不合理的经济现象，按照"兼顾效率与公平"的原则，减少社会的不公正。而西方资本主义国家实行的是按资分配为主、按劳分配为辅的分配方式。在优先保障私有资本利益的前提下，兼顾社会公正和大众的利益。第三，在经济运行机制上，中国特色社会主义与西方资本主义都搞市场经济，依靠市场来配置资源，但是中国特色社会主义把市场机制同社会主义制度联系在一起，在宏观调控上，除了运用经济和法律手段，还辅之以必要的行政手段，市场在国家宏观调控下对资源配置起基础性作用,这是中国特色社会主义市场经济的一个重要特征。中国搞社会主义市场经济的最终目的是为了实现最广大人民的根本利益,因此,在经济发展的基础上,更加注重社会公平,使发展的成果惠及全体人民。正如江泽民所指出的:"我们搞的市场经济,是同社会主义的基本制度紧密结合在一起的。如果离开了社会主义基本制度,就会走向资本主义。"① "我们搞的是社会主义市场经济,'社会主义'这几个字是不能没有的,这并非多余,并非'画蛇添足',而恰恰相反,这是'画龙点睛'。所谓'点睛',就是点明我们市场经济的性质。西方市场经济符合社会化大生产、符合市场一般规律的东西,毫无疑义,我们要积极学习和借鉴,这是共同点;但西方市场经济是在资本主义制度下搞的,我们的市场经济是在社会主义制度下搞的,这是不同点,而我们的创造性和特色也就体现在这里。"② 西方资本主义市场经济是把市场经济与资本主义制度结合在一起,其宏观调控主要以法律手段为主。资本主义市场经济的目的是为了满足资本家及其财团的最大利益,与资本主义原始积累时期在国内主要依靠剥削,在国际主要依靠掠夺的发展方式不同,现代资本主义主要依靠科技和经济实力的优势以及发达国家主导的国际贸易规则变相获取最大发展利益。因此,中国特色社会主义市场经济与资本主义市场经济在发展途径、发展目的和发展方式上是不尽相同的。

(二)中国特色社会主义道路与发展中资本主义国家发展模式

发展中资本主义国家主要是指亚非拉殖民地、半殖民地取得民族独立以后走向资本主义道路的发展中国家和地区。发展中国家的资本主义是"不发达资本主义",与发达国家的资本主义相比较,具有以下几个基本特点:一是生产力不发达;二是资本主义生产关系和封建主义生产关系共存;三是市场体系不完善;四是国家资本主义占重要地位。尽管有这些共同的国情,但是这些国家和地区在资本主义的发展道路中,由于采取的发展战略和执行的政策措施不同,所走的道路和模式不同,因而结果也很不一样。拉美模式作为追赶发达国家的发展中国家所采用的模式,在 20 世纪 80 末年代以来,由于完全照搬西方发达资本主义国家的发展模式,确切地说是美国模式,而导致拉美陷阱,备受

---

① 中央文献研究室编:《论社会主义市场经济》,中央文献出版社 2006 年版,第 203 页。
② 同上。

世人关注。本文这里就以发展中资本主义发展模式的典型代表拉美模式为例，来与中国特色社会主义道路进行比较分析。

1. 从改革的指导思想上看。中国特色社会主义道路是以中国特色社会主义理论体系为指导。中国特色社会主义理论体系是中国在改革开放和社会主义建设的实践中，在探索和回答什么是社会主义、怎样建设社会主义，建设什么样的党、怎样建设党，实现什么样的发展、怎样发展等重大理论和实际问题中，在总结我国改革开放的实践经验，借鉴其他国家现代化建设的经验教训中逐步形成的。中国特色社会主义理论体系是马克思主义基本原理与中国实际和时代特征相结合的产物。中国特色社会主义理论体系它牢牢根植于中国大地，体现了鲜明的实践特色、民族特色和时代特色。而拉美模式是以产生于西方资本主义国家的"华盛顿共识"为指导思想，是"拿来主义"的产物。"华盛顿共识"是指 1990 年国际货币基金组织、世界银行等国际金融机构在华盛顿召开的一个讨论 80 年代中后期以来拉美经济调整和改革的研讨会上，与会者提出指导拉美经济改革的 10 条政策主张。"华盛顿共识"以新自由主义为理论基础，其核心是主张私有化、自由化和市场化。"华盛顿共识"代表了资本主义的主流意识形态和西方资本主义发展模式，被拉美国家一度视为改革的"灵丹妙药"。

2. 从改革目标上看。在改革目标上，拉美模式遵循新自由主义的经济政策，完全按照华盛顿共识提出的各项措施逐一落实，目标是在短时间内迅速完成从政府主导型向市场主导型转变。一是推进国有企业私有化。不仅小型国有企业私有化，而且大型国有企业也被私有化。二是实施贸易自由化。在进口方面，降低关税壁垒和非关税壁垒，以降低国家对本国企业和市场的保护水平。在出口方面，放松或取消出口管制，取消或降低出口税，以鼓励本国产品出口到国外市场。三是放松对外资的管制。为了放宽对外资的限制和扩大国民经济的外向性，自 20 世纪 90 年代以来，拉美国家相继修改了外资法或制定了新的外资政策。如，"在巴西，为了向外资开放电讯、矿业、管道煤气和运输部门以及部分开放石油部门，立法机关甚至修改了宪法；在智利，除电视台和与国家安全有关的领域外，外资可以进入智利的所有部门；在阿根廷除大众媒体外，外资基本上可以进入所有部门（包括国防部）；在墨西哥，1989 年修改的外资法则允许 1 亿美元以下的投资无须申请就能在其他部门中拥有 100% 股权；在秘鲁，几乎所有的部门都对外资开放。"① 拉美国家在改革中由于推行全面的私有化、自由化和市场化，政府的权力普遍遭到削弱，这样很难保证改革政策的实施。与拉美模式相比，中国改革的最大不同是在于坚持自主的改革。"所谓自主的改革，就是改革的主动权掌握在改革的领导者——中国的政府手中，政府能够顶住内部和外部一些不合理或不合时宜的压力，根据中国改革和发展的具体情况与需要，自主地选择改革的方向、内容、步骤、方式、力度和时机等。"② 中国在改革开放中坚持自我发展与对外开放的统一，一方面积极借鉴其他国家的先进经验，另一方面又不屈服于他国的压力，坚持自主发展。在私有化和自由贸易政策等方面采取极其谨慎的态度，在改革开放中，尽管放松了对经济的控制，但却加强了中央政府对改革方向和制度建设的领导和监管，坚持市场导向和政府调控相结合，保证了各项改革措施能够得以很好地贯彻执行。与拉美国家不同，中国的改革追求的是另一种发展目标。这些目标包括：以人为本、可持续发展、协调发展、公平正义。正如"北京共识"的提出者，美国高盛公司高级顾问、清华大学教授乔舒亚·库珀·雷默（Joshua Cooper Ramo）在回答中国的《参考消息》记者提问时谈到的："'华盛顿共识'的目标是帮助银行家，认为发展经济只需要资本主义的理念和资本自由流动，认为一种发展模式可以使用于所有国家。拉美地区不仅是'华盛顿共识'的重灾区，而且也是长期放任他国剥削的重灾区。'华盛顿共识'的信誉已经被破坏。'北京共识'的目标是帮助普通人民，精髓是创新、大胆试验、坚决捍卫国家利益，核心内容是在全球化环境下创造一种能够保障国家独立的增长模式。"③ 雷默指出，"华盛顿共识"推崇的是市场的迅速开放和接受全球化的观念，而"北京共识"则主张个国家在开放的同时必须保护本国环境，这样才能实现适度均衡和全面发展。④

3. 从改革手段上看。改革的实质是旧制度"破"和新制度"立"的过程。尽管正式的制度往往可以通过强制性的变革而在短期内得以确立，但观念

---

① 韩保江：《中国奇迹与中国发展模式》，四川人民出版社 2008 年版，第 122 页。
② 马德普：《渐进性、自主性与强政府——分析中国改革模式的政治视角》，《当代世界与社会主义》2005 年第 5 期，第 19~23 页。
③ 周建军，何恒远：《中国转型的世界意义——从"华盛顿共识"到"北京共识"》，《世界经济与政治论坛》2005 年第 1 期，第 75 页。
④ 卫建林：《发展问题和中国共产党的科学发展观》，《求是》2004 年第 14 期，第 38 页。

则是长期的历史积淀而成的,很难在短时间内发生变化。① 拉美国家和中国都强制性地进行了改革,但采取的方法是完全不同的。拉美各国采取的是激进式的改革方法。拉美国家的制度改革虽然在短时间内可以实现,但是国民旧有观念的改变、对改革的认同和承受程度却不是短时间内能够完成的。而中国采取的是渐进式的改革方法。这可以使人们的思想观念在改革进程的逐步推进中,有个改变、适应到接受的发展过程。这也是为什么中国的改革获得了巨大的成功,而拉美国家却陷入了困境的一个重要因素。

4. 从改革的结果看。拉美地区自 20 世纪 90 年代接受新自由主义以来,不仅没有收到"华盛顿共识"所期待的预期效果,走出原来的困境,反而是问题重重,社会危机四伏。首先,从经济增长上看。拉美地区经济增长缓慢,国民生产总值年增长率在改革前(1950 年 – 1980 年)为 5.3%,80 年代为 1.2%,90 年代为 3.2%,2002 年甚至下降到了 0.5%。中国经济增长迅猛,从 1979 – 1997 年国民生产总值年增长率为 9.8%,中国 20 年中经历了 542% 的增长。其次,从居民生活水平上看。拉美地区人民生活水平急剧下降,失业率从 1982 年的 6.6% 上升到了 2002 年的 9.1%,赤贫人口从 1987 年到 1998 年增加了 1450 万,贫富差距悬殊。中国居民生活水平快速提高,1978 – 1997 年为城镇居民人均可支配收入平均每年增长 6.17%,农村居民家庭人均纯收入平均每年增长 8.08%。失业率仅为 3.7%。中国的贫困人口达到了历史上最大幅度的减少,根据世界银行的估计,改革开放以来中国已经使 3 亿人摆脱了贫困,原来占世界贫困人口的 1/4 降低到 1/20。虽然贫富差距也有拉大趋势,但总体社会保障和福利水平有明显的提高。再次,从经济安全上看。拉美地区自改革以来,陷入金融危机的泥潭始终无法自拔,财政风险不断加大。无论是 1994 年墨西哥爆发的金融危机,还是 1999 年巴西爆发的货币危机以及 2001 年阿根廷爆发的债务危机,无不与其脆弱的金融体制改革有关。而中国的金融体制虽然也存在一些问题,但我们审慎对待金融改革,不仅顶住了 1997 年的亚洲金融危机,就是在这次席卷全球的金融危机中也经受住了考验。最后,从社会稳定上看。拉美国家在经济改革中的快速全面的私有化进程动摇了政府的调控能力,引发了严重的社会危机。而中国在改革中始终坚持公有制的主体地

---

① 张勇:《从以增长为中心的发展观到以人为本的发展观》,《理论界》2008 年第 10 期,第 19 ~ 20 页。

位，有效地保持了政府的宏观调控能力，改革风险减小，社会政治稳定。

三、中国特色社会主义道路与民主社会主义发展模式之比较

民主社会主义不是社会主义，而是改良的资本主义。虽然民主社会主义国家在社会发展中的某些做法对中国有借鉴意义。但是，经过比较我们可以发现，民主社会主义发展模式不适合中国国情，中国不能走民主社会主义道路。只有中国特色社会主义道路才合乎中国广大人民的根本需要，才能引领中国走向富强、民主、文明、和谐。

（一）民主社会主义的演变

民主社会主义是由19世纪40年代末以来西方社会民主主义演变而来的一种资产阶级改良主义的社会思潮。它是西方国家社会民主党（包括社会党、工党、社会党国际）思想体系的总称，是由第二国际社会民主党右翼发展而来的。从历史发展来看，社会民主主义同科学社会主义本出一源。直到19世纪90年代，第二国际所属各国的社会民主党"在纲领上都以马克思主义的思想体系为根据，都在党纲党章中阐明自己的社会主义性质，把通过阶级斗争打碎旧的国家机器、消灭资本主义私有制、建立生产资料公有制，以社会主义代替资本主义作为自己的奋斗目标"。① 1895年恩格斯逝世后，在伯恩施坦、考茨基的影响下，"社会民主主义逐步演变为一种在资本主义范围内通过议会道路来改良资本主义的思想主张"。② 1919年2月，26个社会党右翼和中派的代表在瑞士的伯尔尼举行会议，用民主社会主义攻击科学社会主义，反对无产阶级专政，主张维护资产阶级民主。1923年5月，社会党建立了名为"社会主义工人国际"的国际组织，走上了与资本主义制度相妥协的道路。但是在第二次世界大战爆发前，社会民主党虽然在实践中已全面转向改良主义，但在理论和纲领上仍保留了大量的马克思主义思想，用来粉饰其改良主义的事实。

二战结束后，社会民主党基本上已完全接受了资产阶级议会民主制思想，

---

① 徐理：《正确认识民主社会主义坚定不移地走中国特色社会主义道路》，《光明日报》2007年4月24日第9版。

② 《如何看待民主社会主义》，《人民日报》2007年5月10日第9版。

不再讳言自己是改良主义政党，为了凸显其"民主"主张，社会民主党将原来的社会民主主义思想体系改成"民主社会主义"。1951年3月，英国工党和法、意、捷、匈等国社会党在法兰克福建立社会党国际。1959年，以社会党国际通过的哥德斯堡纲领为标志，民主社会主义彻底演变成为资产阶级改良主义。哥德斯堡纲领从理论上概括了民主社会主义在战后所遵循的各项原则："主张世界观的开放性，由工人党转变为人民党，信奉议会民主制，同共产主义划清界线，保护个人的自由权利，主张半公半私的混合经济，坚持只以改良手段争取社会公正和互助等。"① 这个纲领完全切断了民主社会主义在世界观和理论方面保留着的与马克思主义的联系，表明民主社会主义已彻底落入资本主义阵营。

　　战后，民主社会主义思想理论被西欧等国家付诸实践。冷战期间，曾有二十多个欧洲社会民主党上台执政或参政，具有广泛的社会影响，后来成为东欧等"转轨国家"的样板。20世纪90年代中期以来，面对新保守主义实践所造成的新的社会问题以及全球化带来的一系列新挑战，一些国家的社会民主党改弦更张，走上了"第三条道路"。在具体实践上，"'第三条道路'放弃了公有制的原则，主张建立拥有以多种私有制占主体的混合经济模式；反对传统福利国家的高税收、高福利政策，反对国家对经济的干涉，主张建立权利和责任相统一的所谓'积极的'福利国家"。② "第三条道路"被公认为是"打左灯，向右拐"，实质上推行的是"半民主社会主义、半新自由主义"的半极右理论和政策。

　　由于民主社会主义道路与马克思主义有着千丝万缕的联系，与中国特色社会主义道路的具体政策有诸多相似之处，也由于中国特色社会主义道路吸取和借鉴了民主社会主义道路的一些有益成果，所以有人认为中国特色社会主义道路就是民主社会主义道路，或者认为中国最终必将走向民主社会主义道路。因此，科学认识和把握中国特色社会主义道路，必须要对二者进行科学的比较，从而划清中国特色社会主义道路与民主社会主义道路的界限，保证中国特色社会主义道路的正确方向。

---

① 程恩富，张飞岸：《民主社会主义不是中国特色社会主义》，《中国教育报》2007年6月12日第3版。

② 同上。

（二）中国特色社会主义道路与民主社会主义发展模式的区别

民主社会主义模式主要是指挪威、芬兰、丹麦、瑞典等北欧国家以高税收、高福利、不触动资本主义私有制为特征的发展模式。中国特色社会主义道路与民主社会主义发展模式的区别主要表现在：

1. 意识形态不同。中国特色社会主义道路始终坚持马克思主义一元化的指导地位，在坚持中发展马克思主义，不断推进马克思主义的与时俱进，用发展着的马克思主义指导中国实践，尊重并引领多样化的社会思潮。但是发展马克思主义不是要背离马克思主义，允许多样化社会思潮的存在，更不是要搞指导思想的多元化。坚持马克思主义指导思想的一元化，是中国特色社会主义道路不可动摇的根本原则。北欧等民主社会主义国家，不是把马克思主义理论确定为党唯一指导思想，而是坚持指导思想的多元化，主张吸收各种思想理论。社会党国际成立时通过的宣言——《民主社会主义的目标和任务》明确宣布："不论社会党人把他们的信仰建立在马克思主义分析社会的方法上，还是建立在其他方法上，不论他们是受宗教原则的启示或受人道主义原则的启示，他们都是为了共同的目标而奋斗。"① 德国社会民主党在《歌德斯堡纲领》中规定："民主社会主义是植根于基督教伦理、人道主义和古典哲学上的，它不宣布什么是最后的真理。"② 社会民主党认为只要有利于社会改良，不论什么思想理论即使是极端对立的思想理论，都可以采用。

2. 政治制度不同。第一，在国家制度上，中国特色社会主义道路实行无产阶级领导的以工农联盟为基础的人民民主专政，即在人民内部实行民主，对少数阶级敌人实行专政，邓小平有一个精辟的总结："历史经验证明，刚刚掌握政权的新兴阶级，一般来说，总是弱于敌对阶级的力量，因此要用专政的手段来巩固政权。对人民实行民主，对敌人实行专政，这就是人民民主专政。运用人民民主专政的力量，巩固人民的政权，是正义的事情，没有什么输理的地方。"③ 北欧等民主社会主义国家强调抽象的超阶级的民主，把民主与专政对立起来，反对无产阶级专政，反对打碎旧的资产阶级国家政权，主张渐进地变革社会，将和平取得政权作为唯一的方式。1986年6月社会党国际第十七次

---

① 《各国社会党重要文件汇编》（第1辑），世界知识出版社1959年版，第4页。
② 同上书，第207页。
③ 《邓小平文选》第3卷，人民出版社1993年版，第379页。

代表大会通过的《利马委托书》中说："民主制是人民权利本身所必不可少的基础，因此，我们摒弃一切阶级专政，也摒弃一切专政的阶级。"① 第二，在政治体制上，中国特色社会主义道路坚持共产党领导，具体地说，就是坚持和完善人民代表大会制、共产党领导的多党合作与政治协商制、民族区域自治制度以及基层群众自治制度。而民主社会主义国家则热衷于西方议会的政治体制，实行多党制，三权分立，主张在平等的条件下同其他政党竞争，反对一党制，因而也使社会党自己在某种程度上成为选举党。社会党国际的《法兰克福宣言》宣称："民主制要求不止一个政党有存在的权利和当反对派的权利。"② 第三，在党的性质和组织原则上。中国特色社会主义坚持共产党的工人阶级先锋队性质和民主集中制原则，坚决反对个人专制和极端民主化两种错误倾向。虽然，随着中国特色社会主义事业的发展，党的依靠力量也越来越广泛，扩大了阶级基础和群众基础，但是工人、农民和知识分子始终是建设中国特色社会主义事业的根本力量。而北欧等民主社会主义国家则淡化党的阶级属性，不仅将工人阶级作为自己的阶级基础，还将新的中产阶级作为自己的依靠力量，将社会民主党塑造成为一个"全民的党"，奉行"权力扩散原则"。这一原则的实行，使各国社会党组织涣散，思想上、政策上经常出现严重分歧，各派系不断出现政治分裂。

3. 经济制度不同。中国特色社会主义道路与北欧等民主社会主义国家虽然都实行混合的经济发展模式，但是中国特色社会主义道路坚持的是以公有制为主体，多种所有制经济共同发展，以按劳分配为主体，多种分配方式并存的基本经济制度。而北欧等民主社会主义国家是在私有制占主体地位的基础上实行国有企业、私有企业和其他经济成分并存的混合经济制度，并维护以按资分配为主体的分配制度。以瑞典为例，从总体上说，瑞典主要有资本主义私有经济、国有经济、公私合营经济和合作社经济四种所有制经济，而90%左右的经济都是私有制经济。以私有制为主体相对应，在分配制度上实行的是以按资分配为主体的分配方式，当然由于瑞典同时又实行了包括高工资和高福利在内的普遍幸福主义的分配制度，所以并没有因此而陷入两极分化的困境。在经济

---

① 涂冰燕，窦效民：《中国特色社会主义理论体系与民主社会主义理论体系比较研究》，《学习论坛》2008年第7期，第12页。

② 同上，第11页。

运行机制上，二者虽然都实行的是市场经济体制，但是中国特色社会主义道路实行的是社会主义市场经济体制，强调在国家有效的宏观调控的基础上，坚持市场运行机制。中国的市场经济是体现社会主义性质的市场经济，国家主要运用经济手段和法律手段，辅之以必要的行政手段。而在北欧等民主社会主义国家里，其生产和流通几乎完全依靠于市场机制，政府对市场的调控和社会资源的整合能力薄弱，不具有社会主义的特征。

4. 社会建设不同。中国特色社会主义道路与北欧等民主社会主义国家虽然都主张构建以和谐社会为目标的社会建设，但是由于二者是建立在不同的社会制度基础上，因此二者的最终结果是不同的。中国特色社会主义道路主张"在经济发展的基础上，更加注重社会建设，着力保障和改善民生，推进社会体制改革，扩大公共服务，完善社会管理，促进社会公平正义，努力使全体人民学有所教、劳有所得、病有所医、老有所养、住有所居，推动建设和谐社会。"① 中国特色社会主义最终目标是构建全体人民共同富裕的社会主义和谐社会。由于历史、国情和经济发展程度等诸多因素，目前欧洲等民主社会主义国家社会建设水平和程度要明显高于中国，人民生活比较富足，社会相对公平，环境优美，人民教育文化水平较高。这主要得益于高标准和具有平均主义色彩的社会保障制度。战后欧洲各国社会党都把社会福利问题放在一个非常重要的位置上，1951年社会党国际的《法兰克福声明》说，"社会主义的指导原则是人类需要，……在分配生产成果时，应把满足人类的基本需要放在第一位"，② 在这种思想的指导下，二战以来，各国社会民主党通过上台执政，推动立法，逐步建立了涉及生、老、病、死、伤、残、失业、教育等"从摇篮到坟墓"的全方位社会福利制度。欧洲等民主社会主义国家在社会福利方面的政策在促进社会公平、缓和阶级矛盾等方面发挥了重要的作用，的确有一定的进步意义，但由于其是建立在资本主义私有制基础上的，不可能真正消除劳资对立，也不能实现真正的社会公平和最终走向共同富裕。同时，也导致了公民责任意识减弱、政府开支过高、难以为继等问题。

可见，北欧等民主社会主义国家的发展模式与中国特色社会主义道路在政治、经济、意识形态、社会建设等方面有诸多不同，民主社会主义与中国特色

---

① 《中国共产党第十七次全国代表大会文件汇编》，人民出版社2007年版，第36页。
② 《社会党国际文件集》，黑龙江人民出版社1989年版，第300~301页。

社会主义是两种完全不同的发展道路，中国不是也不能走北欧等民主社会主义发展道路。中国特色社会主义道路的形成，尽管充分吸收和借鉴民主社会主义的优秀成果，比如，在提倡社会保障、促进社会公平、促进人与自然协调发展等方面所积累的经验。但是这种吸收和借鉴，绝不是照抄照搬，更不是说我们所走的道路就是民主社会主义道路。无论从历史还是从现实来看，民主社会主义都不适合中国国情。我们必须坚定不移地走自己的路，把中国特色社会主义事业不断推向前进。

第四章

国外学者视野中的中国特色社会主义道路

改革开放以来,中国经受住了苏东剧变的严峻考验,经济社会发展取得了巨大成就。中国的发展变化不仅对东亚地区乃至对整个世界的历史进程都产生了重大影响,中国特色社会主义道路也因此日益引起国际社会的广泛关注和热烈的讨论,有关中国的报道、评论和研究成果大量涌现。总体上说,国外大多数学者对中国的改革开放和取得的成就都能给予比较客观的认识和评价,虽然由于长期以来受西方价值观念、意识形态的影响,加上对中国历史和国情缺乏应有的了解,因而有些学者的研究也表现出一定的片面性、局限性甚至是错误,但是其中也不乏一些真知灼见,是可以参考、借鉴的。重视和客观对待国外社会各界对中国特色社会主义道路研究的成果,对于我们开阔视野,保持清醒认识,为中国改革开放创造一个有利的国际环境,坚定不移地走自己的路,不断推进中国特色社会主义道路的建设和发展具有重要意义。

一、国外学者对中国特色社会主义道路的认识与评价

(一) 国外关于中国特色社会主义道路认识的演变

中国自从改革开放主动进入国际体系以来,国际社会尤其是西方社会对中国的认识和看法,随着中国内外环境的改变而不断发生着变化。总体上说,经历了从主观到客观,从忽视到重视,从否认到承认这样一个逐步变化的过程。

20 世纪 70 年代末中国改革初期,国际秩序基本上是美、苏、中之间的战略三角关系。当时对美国等西方国家而言,中国具有牵制苏联的战略价值,对中国的国际地位比较重视。加之美国等西方世界认为中国的改革开放将会使中国向西方式的制度靠拢,总体上对中国的政策以及言论比较友好。20 世纪 80 年代末 90 年代初,苏东剧变标志着二战以来以美苏为首的两极格局的较量,

最后以苏联社会主义阵营的失败和以美国为首的资本主义阵营的胜利而结束。当时西方世界的主流看法认为，中国肯定经受不住苏东剧变带来的冲击，中国共产党会很快像苏东共产党那样丧失执政地位。西方学者对中国社会的评价和前景预测也都集中在"中国分裂论"或"中国崩溃论"上。这种观点认为中国也将重蹈其他社会主义国家的覆辙，"它将因地方主义、腐败、民主化、贫富差距等各种内部问题，导致现行体制的自行瓦解或分裂为多个地区"。①

但是事实上，中国并没有像国际社会所预想的那样迅速崩溃。相反，中国不仅经受住了国内政治风波的严峻考验，也经受住了苏东剧变带来的世界社会主义阵营的急剧变化考验以及西方世界对中国的制裁的压力，实现了社会的基本稳定和经济的持续高速增长，中国成功地收回了香港、澳门的主权，在国际社会的影响力和作用不断提高，中国的发展，引起了西方世界的恐惧和戒备，于是他们又抛出了中国威胁论。

第一个提出中国危胁论的人是日本防卫大学副教授村井友秀，1990年8月，他在日本《诸君》月刊上发表题为《论中国这个潜在威胁》的文章，从国力角度推论"中国正在成为日本一个潜在的威胁"。②此后，国际社会关于"中国威胁论"的评论逐渐增多。1992年9月17日，美国学者罗芒在美国传统基金会《政策研究》秋季号上撰文《觉醒的龙——在亚洲真正的威胁来自中国》。该文称："中国已经走上了一条经济飞速发展、军事上显示锋芒的道路，而这的确在亚洲和全世界引起反响。它对于美国的经济利益和安全利益的影响是巨大的。"③1992年底，哈佛大学教授亨廷顿所著的《文明的冲突与世界秩序的重建》，断言儒教文明与伊斯兰教文明的结合将是西方文明的天敌，具有极强的意识形态色彩。1997年2月，《时代》周刊驻北京的第一任记者理查德·伯恩斯坦和美国外交政策研究所亚洲计划主任罗斯·芒罗合著的《即将到来的美中冲突》一书更是集上述论点之大成。该书站在极端反共、极端反华的立场上，赤裸裸地宣扬中国是美国最大的敌人，鼓吹对中国实施最严厉的遏制战略。该书作者认为"不久即将变成全球第二大强国的中国将随着世界面貌在新的千年中发生变化而成为一支支配力量，而作为这样一支力量的中

---

① 全圣兴：《"中国的崛起"与国际秩序的变化》，《现代国际关系》2005年第11期，第46页。
② 葛易：《浅析"中国威胁"论》，《亚太研究》1994年第4期，第56~57页。
③ 王运祥：《"中国威胁论"析》，《国际观察》1996年第3期，第35页。

国将势必不再是美国的战略友邦,而成为它的长期敌人。"① 美国前中央情报局中国问题专家特里普利特和前共和党国会对外政策顾问爱德华·廷珀莱克合写的《鼠年》(1998)和《红龙跃起》(1999)两本书更是将其大肆渲染,矛头指向"中国对美国国家安全构成重大威胁"这一敏感问题,使"中国威胁论"登峰造极。

纵观国际上有关"中国威胁论"的种种论调,各种版本内容也不尽相同,除了盛行的中国经济威胁论、中国军事威胁论、中国文化威胁论外,还有中国人口威胁论、中国粮食威胁论、中国能源威胁论、中国环境威胁论等等不一而足。"中国威胁论"在西方一直很流行,直到今天仍然很有市场。但是,事实证明中国的发展不仅没有对他国造成威胁,而且对维护亚太地区乃至整个世界的和平发展都有起到了重要作用。

就在各种版本的"中国威胁论"还在盛行的时候,新一轮的"中国崩溃论"在沉寂了十年后又开始在西方主流媒体中逐渐流行起来。这次"中国崩溃论"无限夸大中国改革开放中存在的一些问题,并据此认为中国正在走向崩溃。它最初是由美国匹兹堡大学经济学教授托马斯·罗期基的一篇学术文章引起的。2000年,他发表了《中国GDP(国内生产总值)统计发生了什么?》一文,认为通过对各省市的经济统计资料的研究,他发现这些资料与中国国家统计局发表的数字有不相符合之处,因而提出了对中国统计数字的疑问。② 罗期基的这篇与"中国威胁论"观点相左的文章在最初发表时,由于正值"中国威胁论"大行其道之时,所以当时并没有引起西方社会的重视,后来当"中国威胁论"的论调逐渐失去了市场之后,西方媒体才开始关注他的这篇文章。接着美国的《新闻周刊》、《商业周刊》,英国的《金融时报》、《经济学家》等西方主流媒体纷纷对他的观点进行炒作。在这一背景下,种种关于中国崩溃论的文章纷纷出台。从美国记者包德甫《苦海徐生》到美国《中国经济季刊》主编斯塔德维尔的《中国梦:寻找地球上最后一个没有开放的大市场》,宣泄西方对中国失望的书已有多种。最具代表性的是美籍华裔律师章家敦(Gordon G. Chang)出版的《中国即将崩溃》一书。章家敦认为"与其说

---

① 理查德·伯恩斯坦,罗斯·芒罗:《即将到来的美中冲突》,新华出版社1997年版,第9页。
② 李伟:《大国兴起引发的骚动—从"中国威胁论"到"中国崩溃论"》,《国是论衡》2002年第8期,第23页。

21世纪是中国的世纪，还不如说中国正在崩溃"，①他甚至断言"中国现行的政治和经济制度最多只能维持5年……中国的经济正在衰退，并开始崩溃，时间会在2008年北京奥运会之前，而不是之后！"②这些言论在西方引起了不小的轰动，随后该书被翻译成日、法、德等国文字，在世界多个国家发行。

中国威胁论与中国崩溃论尽管产生的时间与背景不同，在内容上也完全相反，但实质是一致的。二者都是为了歪曲和诋毁中国，破坏中国的国际形象和外资投资环境，进而影响中国周边地区以及世界各国的对华政策，归根到底是要遏制中国的发展。

但是随着新自由主义和"华盛顿共识"在西方经济社会中遭遇挫折以来，西方一些学者开始反思西方的理论与发展模式的普世性，转而以新的视角和眼光重新认识中国发展模式，认为"以前在西方用于讨论中国的语言已不再适用"③。而要研究中国，必须了解中国，必须具有"中国眼光"。从2004年即中国建国55周年，邓小平诞辰100周年以来，西方世界关于中国研究的理论文章和新闻报道大量涌现出来。这些文章和报道向外界展现了一个充满活力、生机勃勃和成就斐然的中国，尽管有些文章和新闻报道对中国的分析还不够全面、系统和深刻，但是较以往要客观和理性。2004年5月20日，美国《国际先驱论坛报》网络版刊登了题为《中国将以自己的方式改变》的文章，"称赞中国以循序渐进的方式推进政治改革是果断明智的"。④法国前总理拉法兰应邀参加了中国外交学院的外交论坛，发表了《中国的利益就是世界的利益》的演讲。认为今天的中国已经在世界上承担着非常重大的责任："第一，中国代表着经济的增长和迅速的发展。第二，中国是有助于实现世界平衡的一支和平力量。第三，中国在思想文化方面对世界文明的多样性做出了贡献。"⑤2006年9月，联合国贸发会议官员德特勒夫·科特表示："中国确实是过去10

---

① 彭潇：《华裔投机分子章家敦全球兜售"中国崩溃论"》，《环球人物》2006年第12期，第16~31页。
② 同上。
③ 秦宣：《国际视野中的中国模式——兼论中国特色社会主义的国际影响》，《中国人民大学学报》2008年第4期，第11页。
④ 刘好光：《中国人民大学秦宣教授谈："北京共识"、"中国模式"与中国现代化之路》，《中国教育报》2004年9月28日第11版。
⑤ 秦宣：《国际视野中的中国模式——兼论中国特色社会主义的国际影响》，《中国人民大学学报》2008年第4期，第11页。

年至15年中经济发展最成功的国家。这主要是因为中国最初选择了与许多其他发展中国家不同的发展道路,中国不是单纯地依靠市场力量来发展经济,而是重视政策手段与市场力量的有机结合,这是一种成功的策略。中国在宏观经济政策、货币政策、汇率、利率、管理方面的做法值得其他发展中国家借鉴。"① 在众多学者、国外政要的言论和理论观点中,都或隐或现地对中国模式及其对世界的积极影响表示赞许,其中最有代表性和影响力的是由雷默提出的"北京共识"。雷默指出,中国通过自己的努力和创新,已经探索出了一条适合本国发展的模式。雷默把这种模式称之为"北京共识",并定义为"它强调义无反顾地进行创新和试验(如经济特区)、积极维护国家的领土完整和利益(如台湾问题)、不断精心积累不对称力量的资本和工具(如积累了4500亿美元的外汇储备)。它的目标和关键是在保持独立的同时实现经济增长,其主张的现代化路径是'摸着石头过河',而非休克疗法或"大跃进"。② 雷默的"北京共识"是对中国的社会发展所作的评价中较为公正客观的系统的理论。

总之,国际社会特别是西方社会对中国的认识经历了从冷战思维到较为理性的发展过程,但这种理性的回归不代表今后西方社会对中国不再存有偏见和敌意;相反,只要需要,诸如中国威胁论、中国崩溃论等类似的论调还会甚嚣尘上。

(二)国外关于中国特色社会主义道路研究与认识的主要内容

1. 关于中国发展模式的内涵。关于中国模式的内涵,由于研究的角度与归纳方式的不同,国外学者对这一问题的概括也不尽相同。一些学者是从中国模式与其他模式的比较视角来进行概括的。美国霍普金斯大学的乔尔·安德斯通过研究东亚模式后认为,"中国走的就是一条独特的东亚道路,其特点是强大的国家、活跃的家庭劳动经济和主要由小企业组成的私有经济和小规模资本主义经济。"③ 雷默是以"华盛顿共识"作为参照物来概括"北京共识"内涵的。他认为:"中国的发展模式是一种适合中国国情和社会需要、寻求公正与

---

① 刘国远:《中国经验值得发展中国家借鉴——专访联合国贸发会议官员德特勒夫·科特》,《参考消息》2006年9月14日。
② 《世界舆论评中国模式》,《参考消息》2004年6月2日第16版。
③ 《海外学者论"中国模式"》,《人民论坛》2008年第12期,第31页。

高质增长的发展途径。"① 他把这种发展模式概括为'北京共识',主要包括三方面:"艰苦努力、主动创新和大胆实验;坚决捍卫国家主权和利益;循序渐进、积聚能量。其中,创新和试验是'北京共识'的灵魂,强调解决问题应因事而异,灵活应对,不求统一标准。"② 雷默进一步解释说,"中国的新发展方针是由取得平等、和平的高质量增长的愿望推动的。严格地讲,它推翻了私有化和自由贸易这样的传统思想。它有足够的灵活性,它几乎不能成为一种理论。它不相信对每一个问题都采取统一的解决办法。它的定义是锐意创新和试验,积极地捍卫国家边界和利益,越来越深思熟虑地积累不对称投放力量的手段。它既讲求实际,又是意识形态,它反映了几乎不区别理论与实践的中国古代哲学观。"③ 日内瓦大学亚洲研究中心高级研究员张维为认为,与西方主导的模式相比,中国模式确实有自己的独到之处:首先,在处理稳定、改革和发展三者的关系方面,中国找到了平衡点。第二,中国现代化进程的指导方针非常务实,即集中精力满足人民最迫切的需求,首先就是消除贫困,并在这个领域取得了显著的成绩。第三,不断地试验、不断地总结和汲取自己和别人的经验教训、不断地进行大胆而又谨慎的制度创新,这使中国避免了很多发展中国家和转型经济国家盲目采用西方模式而带来的困境。第四,拒绝"休克疗法",推行渐进改革。第五,确立了比较正确的优先顺序。中国改革开放大致展现了一个清晰的格局:改革的顺序是先易后难;先农村改革,后城市改革;先沿海后内地;先经济改革为主,后政治改革。④

一些学者是从总结中国经验角度来概括中国模式的内涵的。俄罗斯共产党主席久加诺夫认为,中国成功的公式是:社会主义+中国民族传统+国家调控的市场+现代化技术和管理。⑤ 一些非洲国家的领导人将中国发展模式概括为"以人为本"、"不断的试验"、"渐进改革,而非激进革命"、"一个致力于发展的政府"、"有选择地学习"、"正确的优先顺序"等。⑥ 印度中国问题专家认为,"中国模式"包括:"经济上,制定适合本国国情的对外开放政策,趋

---

① 赵启正:《中国无意输出"模式"》,《学习时报》2009年12月7日第3版。
② 同上。
③ 朱可辛:《国外学者对"中国模式"的研究》,《科学社会主义》2009年第4期,第27页。
④ 张维为:《关于中国发展模式的思考》,《学习时报》2008年1月21日第2版。
⑤ 朱可辛:《国外学者对"中国模式"的研究》,《科学社会主义》2009年第4期,第28页。
⑥ 新华社专稿:《国际舆论:中国"令世界惊叹仅仅是开始"》,[EB/OL]. http://news.xinhuanet.com/world,2006年11月6日。

利避害,与全球化潮流齐头并进。政治上,稳步推进适合国情的民主改革。军事上,在实现国防现代化的同时,将大量原本投入到军事领域的宝贵资源转为民用,极大地减轻了国家的负担。外交上,与邻为善、稳固周边。"①

也有的学者是从"中国模式"的特点进行概括的。美国中国问题专家哈里哈丁认为:中国模式,"首先,在发展目标上,强调经济发展、稳定和人权必须平衡发展,其中人权的含义也与西方不同。其次,在发展战略上主张通过试验,再结合当地实际情况下进行渐进改革。再有,在对外援助方面不给对外援助附加任何政治条件。"②德国杜伊斯堡-埃森大学政治学研究所、东亚学研究所所长托马斯·海贝勒认为,"中国模式"的特征是意识形态逐渐为实用主义所取代:经济上,从计划经济到市场经济的转型,或者说政治的经济化;政治上,共产党已经从一个阶级的政党发展成为一个人民的政党;意识形态上,政府的目标不再是一个遥不可及的'共产主义',而是一个不太遥远的'和谐社会'。"③俄罗斯科学院远东研究所所长、俄罗斯中国问题研究专家米哈伊尔·季塔连科认为,"中国人民自觉成为改革的主人和参加者,是中国模式的一大特色。"④英国伦敦政治经济学院的阿塔尔侯赛因称"中国模式"的主要特点是兼收并蓄:"中国的发展模式是历史上前所未有的,既不同于上世纪亚洲"四小龙"快速发展经济的出口导向型,也不同于以消费为主导的美国模式,或德国、法国式的国家调节下的市场经济模式。中国的发展是一个幅员辽阔、人口众多的国家在保持自身数千年的社会、文化传统的前提下,经济快速实现市场化、国内和国际两个市场迅速实现全球化的发展模式。"⑤ 德国托马斯·海贝勒认为中国模式具有以下七个方面的特征:(1)中国共产党目前已进入"适应阶段";(2)中国是分散的或分权的权威主义体制;(3)中国是发展主义的国家(developmental state);(4)具有政治实用主义的显著特色;(5)中央领导层和政权拥有合法性与信任;(6)民族主义或爱国主义具有越来越多对内职能;(7)中国正在迈向自治、法治和参与程度更高的开放

---

① 刘好光:《中国人民大学秦宣教授谈:北京共识"、"中国模式"与中国现代化之路》,《中国教育报》2004 年 9 月 28 日第 11 版。
② 朱可辛:《国外学者对"中国模式"的研究》,《科学社会主义》2009 年第 4 期,第 27 页。
③ 徐觉哉:《国外学者论中国特色社会主义》,《中国特色社会主义研究》2008 年第 3 期,第 40 页。
④ 杨政:《中国模式是世界近代史的一次创举》,《光明日报》2009 年 5 月 10 日第 8 版。
⑤ 严锋,马建国等:《"世界眼"看中国实践》,《瞭望》2008 年第 40 期,第 58 页。

社会。① 概括说来，在国外学者的视野中，"中国模式"具有以下几个明显特点："（1）中国模式具有特殊性。中国的成功在于选择了适合中国国情的发展道路。（2）中国模式具有包容性、兼容性和创新性，它努力把社会主义制度与市场经济结合起来，把经济高速增长与社会全面发展协调起来，把政府宏观调控与市场微观运行结合起来，把效率与公正协调起来，把传统与现代结合起来。（3）中国模式强调发展的人民性。'华盛顿共识'的目的是帮助银行家、金融家，而'北京共识'的目标是帮助普通民众，强调以实现绝大多数人的利益为本。"②

2. 关于中国发展模式的根本性质与基本走向。关于中国发展模式的社会性质是国外学者争论最大的问题之一。虽然在中国发展模式的成就上国外学者也存在分歧，但是他们大都承认中国在30多年的时间里确实实现了高速增长，人民生活水平普遍得到明显提高。但是，在中国经济变化过程中，社会性质是否也发生了变化？中国到底现在是一个什么性质的社会？国外学者对这一问题的看法存在较大分歧。一种看法认为中国现在已经或正在走向资本主义，属于资本主义国家。英国《金融时报》2004年5月7日刊登题为《中国已发现自己的经济共识》的文章，认为"北京共识"是"以极其谨慎的态度执行私有化和自由贸易等政策主张。"③ 一些学者对中国推行的"渐进式改革"提出了质疑，认为"中国的改革在实效层面无疑是成功的，但中国很可能只不过把俄罗斯或东欧做过的某些事情推迟进行而已。俄罗斯碰到的某些困难、付出的某些代价，中国现在可能还未遇到，但却迟早要遇到、要付出。"④ 大约有60%的美国左翼学者，将中国社会主义市场经济等同于资本主义。⑤ 在他们看来，社会主义"那种视中国为发展模式的思想活力正面临明显的资本主义复辟，在左派看来，这种复辟是由于中国在出口和经济增长的共同作用而使历史

---

① 郑云天：《国内外关于"中国模式"研究述评》，《社会主义研究》2009年第4期，第77~79页。
② 杨金海，吕增奎等：《国外学者眼中的中国改革开放》，《北京日报》2008年12月29日第19版。
③ 朱可辛：《国外学者对"中国模式"的研究》，《科学社会主义》2009年第4期，第27页。
④ 周建军，何恒远：《中国转型的世界意义——从"华盛顿共识"到"北京共识"》，《世界经济与政治论坛》2005年第1期，第74页。
⑤ 徐觉哉：《国外学者论中国特色社会主义》，《中国特色社会主义研究》2008年第3期，第40页。

思想左倾变化的结果。那些依然抱有社会主义态度的人认为中国已经偏离了社会主义。"① 一种认为中国正进入一个类似列宁提出的"新经济政策"阶段。俄罗斯东方学专家阿列克谢·基瓦认为,中国发展模式"是国家资本主义方式的一种,就像我们曾经推行过的新经济政策一样。这种模式许多国家都在采用,而且是政治制度不同的国家。既有一党制国家,也有多党制国家。这种模式的实质是,逐步地、分阶段地为形成市场经济和代表制式的民主创造前提。"② 日本共产党的资深理论家不破哲三在《马克思的"科学观"——21世纪的资本主义和社会主义》一文也认为今天的中国正进入一个类似列宁提出的"新经济政策"阶段。不破哲三认为,"中国目前的'社会主义初级阶段'和'社会主义市场经济'的观念,是通过克服历史错误而确定的新的努力方向,而'新经济政策'能为今天中国倡导的通过市场经济建立社会主义的尝试提供借鉴。"③

也有一部分学者认为中国发展模式是社会主义性质的。保加利亚科学院院士、著名的社会主义市场经济理论家、索菲亚大学前校长尼·波波夫教授认为,中国选择了社会主义市场经济这条正确道路,"中国目前选择并实践的模式,是唯一可以挽救和建设社会主义的模式,是唯一正确的充满希望之路"。④ 日本福祉大学经济学系教授大木一训在《如何评价当前中国经济的发展》一文中认为中国实行市场经济并没有改变中国社会主义的性质。他说:"从中国引入市场经济的实际情况看,承认生产手段的私有化、国营企业的民营化都仅限于一定的范围以内,公有经济在国民经济中仍居主导地位。中国在一定范围内将资本主义经济的部分要素引入国民经济中,建立了混合经济体系,这是为了实现经济的高速增长,建立富有活力的社会主义社会。"⑤ 法国学者托尼·安德烈阿尼（Tony Andréani）在《中国还是社会主义国家吗?》一文中也认为,中国的社会主义市场经济仍属社会主义性质。

---

① 马丁·哈特·兰兹伯格,保罗·伯克特,庄俊举编译:《解读中国模式》,《经济社会体制比较》2005年第2期,第63页。

② 朱可辛:《国外学者对"中国模式"的研究》,《科学社会主义》2009年第4期,第28页。

③ 徐觉哉:《国外学者论中国特色社会主义》,《中国特色社会主义研究》2008年第3期,第40页。

④ 刘洪潮,蔡光荣:《外国要人名人看中国》,中共中央党校出版社1993年版,第154页。

⑤ 张利军,郭敏:《日本学者关于中国当前经济发展的几种代表性观点》,《国外理论动态》2005年第4期,第25页。

当然关于中国现在的社会性质除了上述几种观点外，还有学者认为中国在完全不同的条件下探索自己的"第三条道路"或者是一种介于计划经济和新自由主义之间的发展模式，等等。

3. 关于中国发展模式的国际影响。"中国模式"是否具有普遍意义，是否可以为其他国家所借鉴。对于这样一个问题，学者可谓见仁见智。关于中国发展模式的影响与世界意义这个问题，国际社会也存在不同的声音，主流看法是中国发展模式将对世界产生积极影响。美国著名未来学家阿尔文·托夫勒认为："中国过去三十年的成就可谓显著、惊人。我们当初也没有想到中国能发展得如此之快，能取得这样的成功。"① 英国前首相希思认为，"中国不要低估自己的影响，中国有丰富的经验供别人学习"②，"中国有很多想法是很好的，问题是如何让别人听到她的声音"。③ 美国学者约瑟夫·奈说："中国的经济增长不仅让发展中国家获益巨大，中国特殊的发展模式和道路也被一些国家视为可效仿的榜样……更重要的是将来，中国倡导的政治价值观、社会发展模式和对外政策做法，会进一步在世界公众中产生共鸣和影响力。"④ 俄罗斯科学院院士季塔连科认为，"中国实现现代化、成功解决深刻的国内和国际矛盾的经验，不仅为发展中国家树立了鲜活的榜样、提供了切实可行的现代化模式，更为它们发展与中国的合作提供了广阔的平台。"⑤ 瑞士日内瓦大学亚洲研究中心高级研究员张维为就认为，"'中国模式'中的许多做法不一定具有普遍意义，但这些做法背后的思想，特别是'实事求是'、'以人为本'、'循序渐进'、'和而不同'、'政府作用'等，则可能有相当普遍意义，并构成了中国的政治软实力。"⑥ 2005 年 6 月 14 日，联合国秘书长科菲·安南在圣保罗接受新华社记者提问时说，"中国依靠独特模式实现发展的有益经验的确值得其他

---

① 杨金海，吕增奎等：《国外学者眼中的中国改革开放》，《北京日报》2008 年 12 月 29 日第 19 版。
② 刘洪潮，蔡光荣：《外国要人名人看中国》，中共中央党校出版社 1993 年版，第 188 页。
③ 同上。
④ 朱可辛：《国外学者对"中国模式"的研究》，《科学社会主义》2009 年第 4 期，第 28～29 页。
⑤ 同上书，第 29 页。
⑥ 张维：《中国模式回应世界挑战》，[EB/OL] . http: //news. xinhuanet. com/world，2008 年 1 月 8 日。

国家，特别是发展中国家借鉴。"① 日本学者福山在其主编的新书《出乎意料》中，对未来世界可能发生的"战略意外"作了七大预测，其中有一项是："人们将许多不平等现象归咎于美国式的资本主义，全世界对这些不平等现象的不满，可能会将人们的注意力更多地转向像中国这样的社会主义模式，从而结束美国的霸权地位。"②

但也有一些学者认为，中国发展模式本身存在很多问题，中国对其他国家未必有借鉴意义。甚至在是否存在"中国模式"这个问题上也有很大争议。海贝勒提出，中国正处于由计划经济向市场经济的转型期，因此他认为所谓"中国模式"并不存在。中国的转型期是渐进、增量的，在这种条件下谈论"中国模式"为时过早。③ 美国俄勒冈大学教授、中国问题研究专家阿里夫·德里克则完全否认了这一概念，他认为，"'中国模式'只是一个想法，而不是一个概念或思想，因为它与概念和思想没有多少密切联系，相互间或者共同的认识累加并不一定就是共识。"④

二、对国外学者关于中国特色社会主义道路认识的评析

可以看出，改革开放以来国外各界对中国特色社会主义道路的研究涉及面极其广泛，研究成果颇为丰硕，这其中既有正确的观点和看法，也包含着偏见和错误，对此我们必须给予足够的重视和关注。既要分析这些观点和看法本身的是非曲直，更要分析背后的原因和动机，真正做到趋利避害，为我所用。

（一）对国外关于中国特色社会主义道路认识的客观分析

纵观国外各界人士对中国特色社会主义道路或被西方称之为中国发展模式的研究和评价，可以说纷繁复杂，褒贬不一，大体可以分为两大类：一类是对中国的发展成就给予积极和肯定的评价；另一类是对中国的发展成就持否定和歪曲的立场。

从总体上看，绝大多数专家学者和政界人士，包括社会主义国家、一些发

---

① 徐觉哉：《国外学者论中国特色社会主义》，《中国特色社会主义研究》2008年第3期，第49页。
② 朱可辛：《国外学者对"中国模式"的研究》，《科学社会主义》2009年第4期，第29页。
③ 郑云天：《国内外关于"中国模式"研究述评》，《社会主义研究》2009年第4期，第79页。
④ 朱可辛：《国外学者对"中国模式"的研究》，《科学社会主义》2009年第4期，第29页。

展中国家以及中国周边国家的学者、政要甚至包括发达资本主义国家的不少正直的专家学者和政界人士,都能本着尊重历史、尊重事实的治学精神和客观公正的态度,对中国特色社会主义道路给予较为客观的认识和评价。

首先,社会主义国家的学者、政要大都对中国的发展模式给予积极的评价。越南、老挝、古巴等社会主义国家与中国有着相似的价值观念和经济社会基础,也面临着相似的外部环境,中国的改革开放早于这些社会主义国家,而又取得了初步的成功,因此中国发展道路和成功经验对这些国家来说有着很强的吸引力。无论从专家学者还是到政府官员,他们都从学习和借鉴中国经验的角度,对中国特色社会主义道路进行研究,并对中国的成就给予高度的赞扬和评价。越南共产党中央宣教部前副部长、越共电子报总编辑陶维括说:"中国经济几十年的高速增长成为全球经济发展的亮点。中国发展模式的成功给世界上很多国家带来了非常有价值的经验。"① 早在上个世纪90年代,古巴前领导人菲德尔·卡斯特罗就曾提出,"中国改革经验对古巴很重要"。

第二,一些发展中国家以及中国周边国家的学者、政要也对中国的发展模式大为称道。进入新世纪以来,印度、俄罗斯、韩国、新加坡等一些亚洲国家以及非洲等一些发展中国家对中国发展道路也产生了极大的兴趣,大部分专家学者希望通过对中国发展模式的研究、中国成功原因的探索以及存在问题的分析中获得启示,归纳出对本国发展有益的经验,所以他们研究的目的和出发点也比较客观公正。

第三,近年来,西方一些专家学者和政界人士,也能采取实事求是的态度,对中国发展模式给予较为理性的评价。长期以来,由于社会、文化背景上的差异,加之受意识形态分歧的影响,西方大多数学者、政要一直用"有色眼镜"看待中国,对中国的发展模式以及中国改革开放以来取得的成绩的研究与评价,缺乏公正、客观的视角和心态。但是,近年来,由于西方资本主义国家经济发展一直处于低迷状态,而中国经济长期保持持续快速发展的不争事实,促使西方一些学者不得不重新审视中国。对中国发展模式与中国经验的认识与看法,也从最初的怀疑、否定、诋毁逐渐发展到接受、认同甚至是赞誉。著名的中国问题研究专家、美国乔治·华盛顿大学中国政策研究项目主任、政治学与国际关系学教授沈大伟(戴维·香博)说:"中国共产党在过去60年

---

① 《决策与信息》编辑部:《全球盛赞"中国模式"》,《决策与信息》2009年第11期,第5页。

里表现得相当不错。总的来说，中国共产党证明了它的合法性，很好地保护了国家利益，提高了中国在世界上的地位，改善了人民的生活。"① 美国学者齐迈克说："中国共产党的决策客观上给中国和世界带来了巨大变化，极大地改善了中国人民的生活，仅凭这一点，我就要给中国共产党打一个高分。"法国索邦大学教授、著名经济史专家雅克·马赛义认为："中国改革开放30年的成就在近代史上是独一无二的。"②

当然，国外各界对中国特色社会主义道路的认识和评价只是相对意义上的公正和客观，由于对中国历史和国情缺乏全面的了解，对于中国改革开放这一波澜壮阔的伟大实践，国外学者是很难作到全面而深刻的判定，因此一些学者的观点和认识难免具有一定的片面性和局限性。这是正常的，完全可以理解的。而且我们也不应该认为凡是对中国特色社会主义道路进行肯定与赞扬的，就一定出于善意和公正的角度；对那些指出我们发展中存在问题的观点和看法的就一律认定是别有用心，而是应该具体问题具体分析。

但是，同时我们也必须清醒地认识到，在这些林林总总的观点和看法中，确有一些人是居心叵测，怀有形形色色的政治意图的。这些人长期对中国怀有根深蒂固的成见或偏见，他们从内心不愿看到也不愿意接受中国发展强大，从而产生了失落感、忧虑感甚至恐惧感。因此他们总是故意歪曲和诋毁中国发展道路，破坏中国国际形象，企图影响西方大国、中国周边国家以及其他国家的对华政策，造成不利于中国的外部环境，进而达到遏制中国发展的目的。对此，我们必须要有清醒的认识，并积极应对。正如邓小平所指出的："世界上希望我们好起来的人很多，想整我们的人也有的是。我们自己要保持警惕，放松不得。要维护我们独立自主、不信邪、不怕鬼的形象。"③

（二）对国外关于中国特色社会主义道路研究的理性应对

对国外关于中国特色社会主义道路的研究及其成果，我们必须给予足够的关注与重视，要客观分析，要理性面对。对于国外的看法和评价我们既不能沾沾自喜，也不能妄自菲薄，而是应该时刻保持清醒的头脑，趋利避害，不断为

---

① 《决策与信息》编辑部：《全球盛赞"中国模式"》，《决策与信息》2009年第11期，第7页。
② 杨金海，吕增奎等：《国外学者眼中的中国改革开放》，《北京日报》2008年12月29日第19版。
③ 《邓小平文选》第3卷，人民出版社1993年版，第319~320页。

中国特色社会主义道路的发展，营造一个良好的外部环境。

第一，应该高度重视国外的研究成果，汲取其中的合理成分作为中国特色社会主义道路进一步发展的参考和借鉴。如果我们不苛求国外学者研究成果的"全面性"和"深刻性"，就会发现其中蕴涵着许多的"真知灼见"，对中国特色社会主义道路进一步发展来说是有着极为重要的参考和借鉴作用。所谓"旁观者清，当局者迷"，这些学者完全站在第三者的立场上，以一个旁观者的角度对中国发展模式进行研究，从研究理念、研究视角、研究方法等方面往往是中国学者所不具备的，这些研究成果特别是一些对中国特色社会主义道路发展中所存在问题的分析和判断，可以促使我们更全面、更深刻地认识和反思自己。正如《诗经》所说："他山之石，可以为错。"

第二，积极进行宣传，不断扩大中国的正面影响和效应，增强世界对中国的了解与信任。一个国家的国际形象除了受外界舆论的影响外，更重要的是与本国的国内状况、对外政策的制定以及对外宣传都有着很大关系。长期以来，由于中国闭关锁国，导致外界对中国缺乏了解。改革开放以来，中国经济发展迅猛，硬实力的增长世界瞩目，但是中国的历史、文化等软实力的表现却是不尽如人意，中国常因国防政策与安全战略"不透明"而遭到无端指责和引起一些不必要的误解。今后我们应该重视和加强对外界的宣传，向国外介绍中国的历史、现实，介绍中国的社会制度和改革开放以来中国社会所发生的翻天覆地的变化。让世界人民更多地了解和认识中国、了解中国的和平发展理念，了解中国的发展不仅不会对周边国家和世界造成威胁，反而会对亚太地区乃至整个世界的和平稳定起到重要的促进作用，以树立中国良好的大国形象。

第三，不为外界舆论所左右，坚定不移地走自己的路，办好自己的事。

当前国际形势跌宕起伏，威胁和平与发展的不确定因素增多，可预测和不可预测的突发事件时有发生。面对复杂多变的国际环境，我们要坚持中国特色社会主义道路和理论体系不动摇，不为任何风险所惧，不被任何干扰所惑，始终把基点放在自己的力量基础上，立足于我国社会主义初级阶段这一基本国情，珍惜机遇，埋头苦干，集中精力把自己的事情办好。当然，在办好自己事情的同时，要积极参与国际事务，加强与世界各国共同合作与友好往来，树立一个负责任的大国的形象。

苏东解体后，面对复杂的国际局势，邓小平讲过三句话："第一句话，冷静观察；第二句话，稳住阵脚；第三句话，沉着应对。"① 今天，尽管国际形势与中国的国家实力与那时相比已经有很大的不同，但是邓小平的外交理念和思想对于我们今天认清国际形势，在复杂多变的国际风云中保持清醒的头脑，为我国和平发展创造一个良好的国际环境仍然有重要的指导作用。

---

① 《邓小平文选》第3卷，人民出版社1993年版，第321页。

第五章

中国特色社会主义道路的历史经验与世界意义

1978年以来,中国按照自己的国情,走自己的发展道路,不仅实现了经济的高速增长、人民生活水平的普遍提高,为中国实现社会主义现代化和民族伟大复兴找到了正确途径和发展模式,而且深刻地影响和改变了世界历史的进程,为当代世界社会主义运动和发展中国家的建设发展提供了重要经验借鉴。

一、中国特色社会主义道路的历史经验

关于中国特色社会主义道路的基本经验的总结,可谓仁者见仁,智者见智。对中国这样一个特殊国情下进行的广泛而深刻的社会主义实践来说,从不同的视角出发,就会得出不同的结论,可以有宏观的,也可以有微观的;可以有全面的,也可以有具体的。本章主要从国内与国际两个视角,对中国特色社会主义道路的历史经验作一宏观上的概括。

(一)从国内视角看中国特色社会主义道路的基本经验

从中国自身的角度看,应该说党的十七大报告提出的"十个结合"是迄今为止关于中国特色社会主义道路历史经验的最为系统全面科学的概括和总结。这"十个结合"是在党的十三大、十四大、十五大、十六大分别对改革开放阶段性历史经验总结的基础上凝练出来的,是改革开放以来我们党全部历史经验的集大成。"十个结合"体现了我们党对中国特色社会主义道路的认识更加全面、更加深刻,揭示我们党经过30年来的探索已经实现了从总结经验到把握规律,从经验性道路到规律性道路的飞跃。

"十个结合"具有内在的逻辑性,是一个比较完整系统的理论体系。首先,从总体上看,前三个结合是总的概括。其中,"第一个结合"即"把坚持马克思主义基本原理同推进马克思主义中国化结合起来"的科学内涵就是:

既要坚持马克思主义基本原理、又要根据当代中国实践和时代发展要求，不断进行理论创新断，不断开拓马克思主义中国化新境界。"第一个结合"是我们党的全部历史经验中最本质的、首要的、总揽全局的一条经验。它实际上是对党的三代领导集体关于"什么是马克思主义，怎样对待马克思主义"的集中回答和认识上的升华，是对我们党88年特别是改革开放30年历史经验的科学总结和规律性的概括。"第二个结合"即"把坚持四项基本原则同坚持改革开放结合起来"的科学内涵是：四项基本原则是立国之本，改革开放是强国之路，二者在中国特色社会主义事业中缺一不可、不能偏废。坚持二者的统一是中国特色社会主义充满生机活力的保障，是中国特色社会主义道路的内在要求，是坚持党的基本路线的题中应有之意。"第三个结合"即"把尊重人民首创精神同加强和改善党的领导结合起来"的科学内涵是：中国特色社会主义事业是党和人民的共同事业，既要体现党的领导核心作用，又要尊重人民的首创精神，充分发挥人民的主体作用。这三个结合是中国改革开放取得成功的前提条件和根本保障，是进一步建设和发展中国特色社会主义事业必须坚持的基本经验。

第四条到第七条是具体概括了经济建设、政治建设、文化建设、社会建设方面的宝贵经验，治国理政的政治纲领。"第四个结合"即"把坚持社会主义基本制度同发展市场经济结合起来"的科学内涵是：既要在深刻而广泛的变革中发挥社会主义制度的优越性，又要发挥市场配置资源的有效性，不断解放和发展社会生产力，提高人民生活水平。"第五个结合"即"把推动经济基础变革同推动上层建筑改革结合起来"的科学内涵是：既积极推进经济体制改革，又积极推进政治体制改革，不断推动社会主义民主政治协调发展。"第六个结合"即"把发展社会生产力同提高全民族文明素质结合起来"的科学内涵是：既要注重物质文明建设，又要注重精神文明建设，推动二者协调发展，实现社会主义文化的大发展大繁荣。"第七个结合"即"把提高效率同促进社会公平结合起来"的科学内涵是：既要强调经济发展的效率，又要注重社会公平，使经济发展的成果惠及全体人民。这四个结合全方位展现了中国特色社会主义经济建设、政治建设、文化建设和社会建设的实践格局，揭示了中国特色社会主义总体布局协调发展的规律。

最后三条是根本保障。"第八个结合"即"把坚持独立自主同参与经济全球化结合起来"的科学内涵是：中国发展的基点是自力更生，在坚定不移地维护独立自主权利的前提下，争取外援，参与国际经济交流与合作，统筹好国内国际两个大局。"第九个结合"即"把促进改革发展同保持社会稳定结合起来"的科学内涵是：要处理好改革发展稳定的关系，确保人民安居乐业、社会安定有序、国家长治久安。"第十个结合"即"把推进中国特色社会主义伟大事业同推进党的建设新的伟大工程结合起来"的科学内涵是：要顺应世情、国情和党情的新变化，不断加强党的执政能力建设和先进性建设，反映的是治国必先治党的规律。

从十条宝贵经验的基本内容和内在逻辑中可以看到，"十个结合"，既坚持了科学社会主义的基本原则，又根据我国实际和时代特征赋予了其鲜明的中国特色，涵盖了中国特色社会主义道路的各个领域各个方面，集中反映了党的基本理论、基本路线、基本纲领和基本经验，是我们党对"三大规律"即社会主义建设规律，共产党执政规律和人类社会发展规律的科学认识和深刻把握。党的十七大报告提出："十个结合"是我们这样一个十几亿人口的发展中大国摆脱贫困、加快实现现代化、巩固和发展社会主义的宝贵经验。是我们继续推进改革开放和社会主义现代化建设事业仍然必须遵循的基本原则。

（二）从国际视角看中国特色社会主义道路的主要经验

如果把中国特色社会主义道路放在国际视野中，在与世界上其他发展道路和发展模式的比较以及对其他国家社会发展的启示上看，其成功经验还可以概括为以下几个主要方面：

第一，把马克思主义基本原理与中国实际相结合，走自己的路，这是中国经验的根本。早在新民主主义革命时期，毛泽东就从中国实际出发，始终坚持独立自主地走自己的路。创造性地把马克思主义的普遍真理同中国革命的实际相结合，成功地开辟了一条中国特色革命道路，取得新民主主义革命和社会主义革命的伟大胜利。在社会主义建设时期，由于对马克思主义和中国国情的认识存在历史局限性，我们曾一度盲目照抄照搬苏联模式，使社会主义建设遭受了严重失误和挫折。改革开放以来，我们党恢复了马克思主义实事求是的思想路线，在坚持马克思主义基本原则的基础上，不断与时俱进，用发展着的马克思主义指导新的实践，坚定不移地走自己的路。应该说，在当今世界一个国家尤其是落后国家为了实现尽快发展，学习别国发展模式，汲取和借鉴别国发展经验，这是应该的，也是完全必要的。但是照抄照搬别国模式和别国经验，从来不会获得成功，这已经为实践所证明。20世纪80年代末90年代初，东欧社会主义运动所遭受的挫折，与盲目照搬苏联模式，包括建设和改革的模式，有直接关系。而苏联改革所导致的亡党亡国的历史悲剧，其直接原因正是由于戈尔巴乔夫时期完全照搬西方的资本主义发展道路。而拉美国家陷入"拉美陷阱"至今也无法自拔，也是由于照搬西方设计的"华盛顿共识"而结出的恶果。而中国改革开放之所以能取得成功的一个重要原因就在于我们既善于学习和借鉴人类创造的一切文明成果，包括资本主义发达国家的发展模式和发展经验，但是我们没有照抄照搬，而是从中国的实际出发，走自己的路，形成自己的特点和自己的发展模式。正如邓小平在党的十二大开幕式上指出："我们的现代化建设，必须从中国的实际出发。无论是革命还是建设，都要注意学习和借鉴外国经验。但是照抄照搬别国经验、别国模式，从来不能得到成功。这方面我们有过不少教训。把马克思主义的普遍真理同我国的具体实际结合起来，走自己的路，建设有中国特色的社会主义，这就是我们总结长期历史经验得出的基本结论。"① 胡锦涛也反复强调："30 年的历史经验归结到一点，就是把马克思主义基本原理同中国具体实际相结合，走自己的路，建设中国特色社会主义。"②

第二，实行渐进式改革。先试验、后总结，再逐步推开、稳步推进的渐进式改革是中国经验的重要内容。在一个经济文化比较落后的大国实行改革开放，是一项全新的事业，没有现成的经验可以借鉴，所以我们采取的是"摸着石头过河"的方法，先试验、后总结，在不断总结经验的基础上稳步前进，再逐步推开、稳步推进。用邓小平自己的话说："我们现在做的事都是一个试验。对我们来说，都是新事物，所以要摸索前进。既然是新事物，难免要犯错误。我们的办法是不断总结经验，有错误就赶快改，小错误不要变成大错误。"③ "我们不靠上帝，而靠自己努力，靠不断总结经验，坚定地前进。"④ 如，先在特区和实验区进行试点试验，鼓励部分地方先行探索，待条件成熟后再逐步向全国推广。渐进式改革使中国始终能沿着比较正确的轨道前进，既保持了经济的快速发展，又避免了因利益调整而引发的社会动荡，确保了社会的

---

① 《邓小平文选》第 3 卷，人民出版社 1993 年版，第 2~3 页。
② 胡锦涛：《在纪念党的十一届三中全会召开 30 周年大会上的讲话》，人民出版社 2008 年版，第 34 页。
③ 《邓小平文选》第 3 卷，人民出版社 1993 年版，第 174 页。
④ 同上书，第 118 页。

稳定，使改革能够不断深入，从而实现了改革、发展与稳定的有机统一。而俄罗斯的"休克疗法"式的改革和拉美国家采取的"华盛顿共识"，都是激进式的改革。激进式改革由于迅速而全面地改变原有的既得利益关系，往往会遇到来自各阶层特别是旧体制既得利益阶层的阻力，而容易引起激烈的社会冲突，从而引发社会动荡，使改革难以持续下去，最终半途而废，甚至不得不改旗易帜。

第三，勇于创新，大胆实践。这是中国特色社会主义道路的另一个重要经验。江泽民指出："创新是一个民族进步的灵魂，是一个国家兴旺发达的不竭动力，也是一个政党永葆生机的源泉。"① 雷默在他的《北京共识》一文中把"北京共识"定义为"锐意创新和试验，积极地捍卫国家边界和利益，越来越深思熟虑地积累不对称投放力量的手段。"② 这也正指出了中国特色社会主义道路的精髓所在。在中国这样一个人口众多，经济文化发展不平衡的发展中国家搞现代化建设，不仅是马克思主义发展史上的崭新课题，也是其他发达国家现代化道路中所不曾遇到的，不仅中国的历史和现实国情是特殊的，而且中国在现代化进程中所面临的外部环境也是与众不同的。因此，中国共产党认识到，无论是社会主义国家曾经采用过的传统的"苏联模式"，还是资本主义国家大力推行的"美国模式"、"莱茵模式"、"日本模式"以及民主社会主义国家实行的"北欧模式"等都不适合中国的国情。中国必须在借鉴其他发展模式有益经验的基础上，结合本国国情和时代发展潮流，在实践中勇于尝试，大胆创新，找到适合自己国情的社会主义发展模式。中国特色社会主义道路就是在这样一个过程中逐步形成并发展起来的。在实践中，中国共产党，把"社会主义"与"中国特色"紧密结合起来，把探求社会主义发展的一般规律和中国社会主义道路的特殊规律紧密结合起来，发扬敢闯、敢冒、敢试的精神，既继承前人成果，又突破陈规，不断与时俱进。无论从改革初期家庭联产承包责任制和乡镇企业的产生、推广，还是后来中国特色社会主义市场经济体制的建立以及中国特色社会主义新兴工业化道路、中国特色社会主义城镇化道路、中国特色社会主义民主政治道路的形成和发展都是我们党尊重实践，尊重群众

---

① 《江泽民文选》第3卷，人民出版社2006年版，第537页。
② 乔舒亚·库伯·雷默：《北京共识》。转引自黄平，崔之元：《中国与全球化：华盛顿共识还是北京共识》，社会科学文献出版社2005年版，第15页。

首创精神、支持、鼓励和倡导创新实践的结果。勇于创新，大胆实践，这是中国特色社会主义道路对人类社会发展道路的一个重要启示。

第四，善于总结历史经验。这是中国特色社会主义道路给人类社会发展道路的另一个重要启示。恩格斯指出，"伟大的阶级，正如伟大的民族一样，无论从哪方面学习都不如从自己所犯错误的后果中学习来得快。"① 我们之所以能够开辟崭新的道路是与深刻总结我国社会主义建设以及其他国家现代化建设中正反两方面历史经验分不开的。善于总结经验是中国共产党在长期革命和建设实践中形成的优良传统和科学的工作方法。毛泽东曾形象地说，"我是靠总结经验吃饭的"。中国之所以能够走上改革开放的道路正是由于总结历史经验教训的结果。正如邓小平指出："二十年的经验尤其是'文化大革命'的教训告诉我们，不改革不行，不制定新的政治的、经济的、社会的政策不行。十一届三中全会制定了这样的一系列方针政策，走上了新的道路。"② 改革开放以来30年的实践，也是在不断总结经验中发展的。邓小平曾深有感触地说："我们每走一步都要总结经验，哪些事进度要快一点，哪些要慢一点，哪些还要收一收，没有这条是不行的。"③ 胡锦涛在纪念党的十一届三中全会召开30周年大会上的讲话中也指出：改革开放以来，"我们党先后召开6次全国代表大会、45次中央全会，及时研究新情况、解决新问题、总结新经验，集中全党全国各族人民智慧，形成了党的基本理论、基本路线、基本纲领、基本经验，制定和作出了指导改革开放和社会主义现代化建设的一整套方针政策和工作部署，成功开辟了中国特色社会主义道路。"④ 对改革开放经验进行专题总结，最早是1992年我们党的十四大。党的十四大指出："十四年伟大实践的经验，集中到一点，就是要毫不动摇地坚持以建设有中国特色社会主义理论为指导的党的基本路线。这是我们事业能够经受风险考验，顺利达到目标的最可靠的保证。"⑤ 之后党的历次代表大会都对改革开放的历史经验进行总结。党的十五大指出："在把我们的事业全面推向21世纪的历史时刻，必须郑重指出：

---

① 《马克思恩格斯选集》第4卷，人民出版社1995年版，第432页。

② 《邓小平文选》第3卷，人民出版社1993年版，第266页。

③ 《邓小平文选》第3卷，人民出版社1993年版，第219页。

④ 胡锦涛：《在纪念党的十一届三中全会召开30周年大会上的讲话》，《人民日报》（海外版）2008年12月19日第2版。

⑤ 《十四大以来重要文献选编》（上），人民出版社1996年版，第14页。

全党要毫不动摇地坚持党在社会主义初级阶段的基本路线，把以经济建设为中心同四项基本原则、改革开放这两个基本点统一于建设有中国特色社会主义的伟大实践。这是近二十年来我们党最可宝贵的经验，是我们事业胜利前进最可靠的保证。"① 党的十六大进一步把改革开放的历史经验具体概括为十条，即坚持以邓小平理论为指导，不断推进理论创新；坚持以经济建设为中心，用发展的办法解决前进中的问题；坚持改革开放，不断完善社会主义市场经济体制；坚持四项基本原则，发展社会主义民主政治；坚持物质文明和精神文明两手抓，实行依法治国和以德治国相结合；坚持稳定压倒一切的方针，正确处理改革发展稳定的关系；坚持党对军队的绝对领导，走中国特色的精兵之路；坚持团结一切可以团结的力量，不断增强中华民族的凝聚力；坚持独立自主的和平外交政策，维护世界和平与促进共同发展；坚持加强和改善党的领导，全面推进党的建设新的伟大工程。尤其是在党的十七大和纪念党的十一届三中全会召开30周年大会上的讲话中，胡锦涛把改革开放30年来的基本经验系统地概括为"十个结合"。这"十个结合"的深刻阐述既深刻揭示了党对建设和发展中国特色社会主义规律认识的不断深化，也从另一个侧面反映了我们党对历史经验的高度重视。

二、中国特色社会主义道路面临的主要问题与挑战

改革开放30年来，我国的和平发展道路取得了举世瞩目的成就，但距离实现中华民族伟大复兴这一战略目标则还有很长的路要走。这需要中国人民几代甚至十几代人坚持不懈地努力，在未来的发展中还面临着不少不确定的因素，有许多可以预见和难以预见的困难和风险。这些困难和风险既有中国特色社会主义道路自身在前进中面临的矛盾与困难，也有来自外部的压力与挑战。从长远和全局的观点看，我们必须要正确认识和对待中国和平发展面临的这些问题与挑战。

（一）中国特色社会主义道路自身发展存在的矛盾与困难

改革开放30多年来，中国特色社会主义道路虽然取得了巨大成就，积累

---

① 《十五大以来重要文献选编》（上），人民出版社2000年版，第18页。

了丰富的历史经验,但这条道路并非完美无缺,而是存在诸多亟须解决的问题,面临一些严峻挑战。正如党的十七大报告所指出,在新的历史阶段,我国进入了发展的关键期、改革的攻坚期、矛盾的凸显期,经济社会发展呈现出一系列新的阶段性特征,主要是:经济实力显著增强,同时生产力水平总体上还不高,自主创新能力还不强,长期形成的结构性矛盾和粗放型增长方式尚未根本改变;社会主义市场经济体制初步建立,同时影响发展的体制机制障碍依然存在,改革攻坚面临深层次矛盾和问题;人民生活总体上达到小康水平,同时收入分配差距拉大趋势还未根本扭转,城乡贫困人口和低收入人口还有相当数量,统筹兼顾各方面利益难度加大;协调发展取得显著成绩,同时农业基础薄弱、农村发展滞后的局面尚未改变,缩小城乡、区域发展差距和促进经济社会协调发展任务艰巨;社会主义民主政治不断发展、依法治国基本方略扎实贯彻,同时民主法制建设与扩大人民民主和经济社会发展的要求还不完全适应,政治体制改革需要继续深化;社会主义文化更加繁荣,同时人民精神文化需求日趋旺盛,人们思想活动的独立性、选择性、多变性、差异性明显增强,对发展社会主义先进文化提出了更高要求;社会活力显著增强,同时社会结构、社会组织形式、社会利益格局发生深刻变化,社会建设和管理面临诸多新课题;对外开放日益扩大,同时面临的国际竞争日趋激烈,发达国家在经济科技上占优势的压力长期存在,可以预见和难以预见的风险增多,统筹国内发展和对外开放要求更高。这些阶段性特征是社会主义初级阶段基本国情在新世纪新阶段的具体表现,反映了我国经济社会发展面临的新形势、新矛盾和新问题,也是中国特色社会主义道路面临的问题和挑战的集中体现。如果不深刻把握这些阶段性特征,抓紧采取措施解决前进中的突出矛盾和问题,必将对中国特色社会主义道路和我国经济社会发展产生不利影响。在此,主要探讨中国特色社会主义道路面临的几个主要问题及对策。

1. 经济增长方式落后,粗放型增长方式没有根本改变。改革开放以来,我国经济虽然出现了高速增长的态势,但是我国的经济增长很大程度上是靠高投入、高消耗、高排放、低效率的粗放型经济增长方式取得的,对进一步改革发展带来了严峻挑战。一是导致经济资源供需紧张。我国虽然重要矿产、能源、水、土地等基本经济资源的总量很大,但由于人口众多,人均资源占有量少,人均水资源占有量仅为世界平均水平的四分之一,人均耕地占有量不到世界平均水平的二分之一,人均矿产资源占有量只有世界平均水平的二分之一,总体上资源紧缺是我国的一个基本国情。改革开放以来，由于长期奉行粗放型的经济增长方式，我国资源利用效率低，消耗量大。在主要工业行业，我国单位产量能耗比发达国家高四成左右，单位GDP能耗是世界平均水平的五倍，目前我国能源利用效率仅33%，比发达国家低约10个百分点。特别是随着我国工业化、信息化、城镇化、市场化、国际化深入发展和人口不断增加，能源、水、土地、矿产等资源不足的问题将越来越突出。二是导致环境恶化。粗放型经济增长方式由于资源消耗大，一些地区超出资源环境承载能力过度开发，导致生态遭到很大破坏，环境污染加剧。发达国家上百年工业化过程中分阶段出现的环境问题，在我国已经集中出现。高投入、高消耗、高排放、低效率的粗放型增长方式已经成为制约我国经济发展的"瓶颈"，如果我们继续按照这样的增长方式发展下去，环境将难以承载。此外，粗放型增长方式还导致盲目投资、重复建设现象严重。

　　解决经济增长方式落后的问题，根本的是要转变经济发展方式。由转变经济增长方式到转变经济发展方式，虽然只是两个字的改变，但有着十分深刻的内涵。增长并不等于发展。转变经济发展方式，除了涵盖转变经济增长方式的全部内容外，还对经济发展的理念、目的、战略和途径等提出了新的更高要求。我国正处于改革发展的关键阶段，也是工业化、现代化的重要时期。能不能适应国际环境的新变化，适应我国发展的新要求，在转变经济发展方式上取得重大突破，关系到我们能不能牢牢把握发展的主动权、能不能在较长时期内继续保持经济平稳较快发展。要大力推动经济增长由粗放型向集约型转变、由片面追求经济增长向全面协调可持续发展转变，不断赢得发展新优势、开创中国特色社会主义事业新局面。

　　加快转变经济发展方式，就必须坚持走中国特色新型工业化道路，促进经济增长由主要依靠投资、出口拉动向依靠消费、投资、出口协调拉动转变，由主要依靠第二产业带动向依靠第一、第二、第三产业协同带动转变，由主要依靠增加物质资源消耗向主要依靠科技进步、劳动者素质提高、管理创新转变，推动产业结构优化升级，增强发展的协调性和可持续性。必须坚持走中国特色自主创新道路，坚持把增强自主创新能力作为调整产业结构和转变发展方式的中心环节，大力推进原始创新、集成创新和引进消化吸收再创新，着力突破制约经济社会发展的关键技术。必须按照自主创新、重点跨越、支撑发展、引领未来的要求，加快建设国家创新体系。加快建立以企业为主体、市场为导向、产学研相结合的技术创新体系。大力实施人才强国战略，加快培育创新型科技人才。必须坚定不移地扩大国内需求特别是消费需求，努力调整投资和消费关系，把扩大国内需求和合理利用国外需求很好地结合起来，不断增强内需特别是消费需求对经济增长的拉动作用，促进经济平稳较快增长。

加快转变经济发展方式，就必须坚持生产发展、生活富裕、生态良好的文明发展道路，大力建设生态文明。生产发展、生活富裕、生态良好是紧密联系、辩证统一的。生产发展，是走文明发展道路的基础环节。离开生产发展，社会进步就失去前提，生活富裕也不可能实现。生活富裕，是走文明发展道路的重要体现。不断提高整个社会的物质和精神生活水平，使社会财富得到合理分配，使全体社会成员共享发展成果，人类文明才能不断进步。生态良好，是走文明发展道路的应有之义。遵循经济规律和自然规律，合理利用自然资源，保护和优化生态环境，坚持可持续发展，实现人与自然和谐相处，人类文明才能得到持久永续发展。坚持文明发展道路，就要在经济社会发展过程中，把推进生产发展、实现生活富裕、保持生态良好有机统一起来，坚持以生产发展为基础，以生活富裕为目的，以生态良好为条件，努力实现社会经济系统和自然生态系统的良性循环。

建设生态文明不是否定工业文明，而是强调先进的工业文明必须实现人与自然的和谐，使人们在享有现代物质文明成果的同时，又能保持和享有良好的生态文明成果。要充分认识实现工业化和信息化与推进生态文明建设的关系，坚持以资源承载力为基础、以自然规律为准则、以可持续发展为目标，形成节约能源资源和保护生态环境的产业结构、增长方式、消费模式，努力建设资源节约型、环境友好型社会。要把经济的发展、生活水平的提高和实现可持续发展有机统一起来。正确处理经济建设、人口增长与资源利用、生态环境保护的关系，坚决禁止掠夺自然、破坏自然的做法，坚决摒弃先破坏后治理、边治理边破坏的做法，实行最严厉的环境保护措施，为子孙后代留下充足的发展条件和发展空间。要把节能减排作为促进科学发展的重要抓手，发展环保产业，加大节能环保投入，开发和推广节约、替代、循环利用和治理污染的先进适用技术，发展清洁能源和可再生能源，建设科学合理的能源资源利用体系。努力解决影响经济社会发展特别是严重危害人民健康的突出问题，重点抓好水污染防治、城乡饮用水源安全保障、城市大气污染治理、土壤污染治理等，改善城乡人居环境，促进生态修复。进一步完善有利于节约能源资源和保护生态环境的法律和政策，加快形成可持续发展的体制机制。增强公众保护生态环境的自觉意识，在全社会形成爱护生态环境、保护生态环境的良好风尚。

2. 经济社会发展极不平衡，二元结构问题比较突出。长期以来，我国城乡发展、区域发展不平衡问题比较突出，经济社会发展中"一条腿长，一条腿短"的不协调现象比较严重。2006年，我国"东部、中部和西部地区GDP的比值是3.26∶1.09∶1；上海人均GDP达到75990元，而贵州只有5750元。从城乡居民收入来看，全国城镇居民全年人均收入将近1.2万元，而农村居民人均收入不足3600元。"① 我国的城乡二元结构和区域发展不平衡现象已经成为我国经济社会发展中的突出矛盾，如果长期得不到很好的解决，农村长期处于不发展或缓慢发展状态，不仅会导致城乡的断裂，农村的长期贫困，城市的发展也会由于失去农村的支撑和依托而受到影响。长期以来，我国重视经济发展，轻视社会发展，导致社会事业发展严重滞后。经济发展了，但教育、科技、文化、医疗、卫生、环境保护等社会事业没有相应的发展。仅以教育和卫生事业为例：改革开放以来，我国基本普及九年制义务教育工作很有成绩，但是高中阶段以上教育还不理想。资料显示：2007年我国人均受教育年限为8.5年，我国仍有3.58%的成人是文盲。我国的医疗卫生资源配置不合理，城乡之间分布很不平衡。据世界卫生组织在2000年的《世界卫生报告》中指出，全世界191个国家的卫生系统排名，在"财务负担公平性"方面，中国为第188名，排在倒数第4位。中国社会学学会会长陆学艺指出："这同我国经济实力在世界排名第六的地位，实在不相称。"②

解决城乡发展不平衡的问题，就要统筹城乡发展，按照形成城乡经济社会发展一体化新格局的要求，贯彻工业反哺农业、城市支持农村的方针，正确处理工业和农业、城市和农村、城镇居民和农民的关系。坚持走中国特色农业现代化道路，建立以工促农、以城带乡长效机制。加强农业基础地位，推进现代农业建设，按照生产发展、生活宽裕、乡风文明、村容整洁、管理民主的总要求，扎实推进社会主义新农村建设。坚持走中国特色城镇化道路，坚持大中小城市和小城镇协调发展的方针，按照统筹城乡、布局合理、节约土地、功能完善、以大带小的原则，积极稳妥地推进城镇化。

---

① 徐贵相：《中国发展模式研究》，人民出版社2008年版，第316页。
② 陆学艺：《经济和社会要协调发展》，《中国经济时报》2003年10月27日。

解决地区发展不平衡的问题，就要统筹区域发展，继续推进国家区域发展总体战略，积极推进西部大开发，全面振兴东北地区等老工业基地，大力促进中部地区崛起，积极支持东部地区率先发展，继续发挥各个地区的优势和积极性，引导生产要素跨区域合理流动和产业合理布局，加强国土规划，推动形成主体功能区，完善区域政策，注重实现基本公共服务均等化，加大国家对欠发达地区财政转移支付力度，大力扶持革命老区、民族地区、边疆地区、贫困地区经济社会发展，逐步形成东中西部相互促进、优势互补、共同发展的新格局。

解决经济社会发展不平衡的问题，就要统筹经济社会发展，按照中国特色社会主义事业总体布局，坚持以经济建设为中心，不断促进经济发展和社会全面进步。要按照总体布局的要求，把社会主义经济建设、政治建设、文化建设和社会建设作为统一的任务来把握，作为统一的工作来部署，作为统一的目标来落实，大力发展社会主义市场经济，大力发展社会主义民主政治，大力发展社会主义先进文化，大力构建社会主义和谐社会，全面推进中国特色社会主义事业。中国特色社会主义经济建设、政治建设、文化建设、社会建设是相互联系、相互促进的有机统一体。经济建设为政治建设、文化建设、社会建设提供物质基础，没有经济的发展，其他方面的建设就缺乏物质条件。必须坚持紧紧抓住经济建设这个中心不放松，深刻认识加快经济发展的战略意义，坚定不移地促进国民经济又好又快发展。政治建设为经济建设、文化建设、社会建设提供政治保障，没有政治建设，就不可能充分调动人民群众的积极性、主动性、创造性，就没有一个以健全法制为保障的发展环境，其他建设就不可能顺利进行。必须坚持中国特色社会主义政治发展道路，坚持党的领导、人民当家做主、依法治国有机统一，坚持和完善人民代表大会制度、中国共产党领导的多党合作和政治协商制度、民族区域自治制度以及基层群众自治制度，扩大社会主义民主，建设社会主义法治国家，深化政治体制改革，不断推进社会主义政治制度自我完善和发展。文化建设为经济建设、政治建设、社会建设提供思想保证、精神动力、文化环境和智力支持，没有文化建设，就没有共同的理想信念和道德规范，就不能形成昂扬向上、开拓进取的主流精神，其他建设就没有必不可少的精神支撑。必须巩固马克思主义在意识形态领域的指导地位，坚持发展面向现代化、面向世界、面向未来的，民族的科学的大众的社会主义先进文化，坚持贴近实际、贴近生活、贴近群众，着力建设社会主义核心价值体系,着力巩固壮大主流思想舆论,着力推进内容形式、方法手段、体制机制改革创新,推动社会主义文化大发展大繁荣、兴起社会主义文化建设新高潮,提高国家文化软实力。社会建设为经济建设、政治建设、文化建设提供有利的社会条件,没有社会建设,就不能形成促进其他建设的良好社会环境。必须加快推进以改善民生为重点的社会建设,促进社会公平正义,完善社会管理,激发社会创造活力,促进社会更加和谐。要通过坚持不懈的努力,不断朝着使全体人民学有所教、劳有所得、病有所医、老有所养、住有所居的目标前进。坚持优先发展教育,坚持育人为本、德育为先,实施素质教育,提高教育现代化水平,办好人民满意的教育,深化教育改革,优化教育结构,促进义务教育均衡发展,加快普及高中阶段教育,大力发展职业教育,着力提高高等教育质量,坚持教育公益性质,加强教师队伍建设,建设全民学习、终身学习的学习型社会,建设人力资源强国。实施扩大就业的发展战略,落实积极的就业政策,实现经济发展与扩大就业良性互动,完善支持自主创业、自谋职业政策,加强就业观念教育,健全面向全体劳动者的职业教育培训和城乡劳动者平等就业的制度,发展和谐劳动关系,依法维护劳动者权益。坚持公共医疗卫生的公益性质,加快建设覆盖城乡居民的公共卫生服务体系、医疗服务体系、医疗保障体系、药品供应保障体系,提高突发公共卫生事件应急处置能力,提高医疗服务质量,加强农村三级卫生服务网络和城市社区卫生服务体系建设,为群众提供安全、有效、方便、价廉的医疗卫生服务。以社会保险、社会救助、社会福利为基础,以基本养老、基本医疗、最低生活保障制度为重点,以慈善事业、商业保险为补充,加快建立覆盖城乡居民的社会保障体系。完善住房保障体系,支持城乡居民通过各种渠道解决住房问题,加快解决城市低收入家庭住房困难,努力满足人民群众住房需求。

3. 收入分配差距不断扩大,解决社会公平问题任务艰巨。邓小平曾指出:"共同致富,我们从改革一开始就讲,将来总有一天要成为中心课题。社会主义不是少数人富起来、大多数人穷,不是那个样子。社会主义最大的优越性就是共同富裕,这是体现社会主义本质的一个东西。如果搞两极分化,情况就不同了,民族矛盾、区域间矛盾、阶级矛盾都会发展,相应地中央和地方的矛盾也会发展,就可能出乱子。"① 改革开放以来,虽然人民的生活水平普遍得到

---

① 《邓小平文选》第3卷,人民出版社1993年版,第364页。

提高，但是贫富差距也出现了逐渐拉大的趋势。目前我国的"基尼系数"已经超过了国际公认的 0.4 的警戒线。统计显示，"全国收入最高行业与最低行业人均工资水平之比已经从 2000 年的 2.63∶1 扩大到 2005 年的 4.88∶1。"①这种悬殊的程度与 21 世纪初的拉美国家很相似。收入差距不断拉大将会导致严重的经济社会问题。一些国家进入工业化中期以后，由于没有处理好经济增长和收入分配关系，造成贫富差距悬殊，引起人民不满，激化了社会矛盾，致使现代化进程受阻。这方面的教训是深刻的。所以，我国的收入差距问题如果在未来的发展中长期得不到解决，也将会引发严重后果。

要解决收入差距过大和社会公平问题，就必须统筹个人利益和集体利益、局部利益和整体利益、当前利益和长远利益，正确处理最广大人民的根本利益、现阶段群众的共同利益和不同群体的特殊利益的关系，统筹兼顾不同方面的利益要求。坚持发展为了人民、发展依靠人民、发展成果由人民共享，不断使人民群众得到更多的实惠，使全体人民朝着共同富裕的方向稳步前进。要把改革发展取得的各方面成果，体现在不断提高人民的生活质量和健康水平上，体现在不断提高人民的思想道德素质和科学文化素质上，体现在充分保障人民享有的经济、政治、文化、社会权益上。要更加注重发展成果的普惠性，正确处理效率与公平的关系，统筹兼顾全体社会成员的利益，促进创造财富和公平分配的协调。要清醒看到，经过改革开放 30 多年的发展，我国人民群众的生活总体上达到小康水平，但不同地区和部门、不同群体和个人在享受经济社会发展成果的多少方面是不同的，部分群众因为各种原因生活还有一些困难，劳动就业、收入分配、社会保障、住房、医疗、子女上学等方面的问题成为社会关注的热点问题。要把保障和改善民生放在更加重要的位置，下大气力解决好群众反映强烈的突出问题，努力使全体人民共享经济社会发展的成果。

维护和实现社会公平正义，符合最广大人民的根本利益，是我国社会主义制度的本质要求。要在促进发展的同时，把维护社会公平放到更加突出的位置。深化收入分配制度改革，坚持和完善按劳分配为主体、多种分配方式并存的分配制度，健全劳动、资本、技术、管理等生产要素按贡献参与分配的制度，初次分配和再分配都要处理好效率和公平的关系，再分配更加注重公平。逐步提高居民收入在国民收入分配中的比重，提高劳动报酬在初次分配中的比

---

① 徐贵相：《中国发展模式研究》，人民出版社 2008 年版，第 316 页。

重。创造条件让更多群众拥有财产性收入。保护合法收入，调节过高收入，取缔非法收入，逐步扭转收入分配差距扩大趋势。从法律上、制度上、政策上努力营造公平的社会环境，从收入分配、利益调节、社会保障、公民权利保障、政府施政、执法司法等方面采取切实措施，逐步做到保证社会成员都能够平等地参与市场竞争、参与社会生活，都能够依靠法律和制度来维护自己的正当权益。

4. 腐败问题比较严重，执政党建设面临严峻考验。邓小平讲到：中国问题的关键在于党。中国特色社会主义道路的核心和灵魂就是坚持党的坚强领导。但关键在于党必须保持先进性，如果党的建设跟不上时代步伐，如果党在发展经济过程中不能有效地防范资本主义的侵蚀，那么中国特色社会主义发展模式就将从根本上遭到瓦解。改革开放以来，由于政治体制改革相对滞后于经济体制改革，使政府职能转变不到位，各级政府掌握重要资源的配置权利仍然很大，对权力的监督和约束机制不健全，致使奢侈浪费和腐败现象比较严重。虽然惩治腐败是我们党的一贯立场和方针。但毋庸讳言的是，腐败现象并未得到有效遏制，甚至还呈蔓延之势。2009 年 12 月 24 日由《人民论坛》杂志发起的未来 10 年 10 个最严峻挑战的大型问卷调查显示，共有 6688 位受访者认为第一大挑战是腐败问题突破民众承受底线，占受访人数的 82.3%。惩治腐败是我们未来发展中必须解决的一项严峻课题。

解决腐败问题，必须充分认识反腐败斗争的长期性、复杂性、艰巨性，把反腐倡廉建设放在更加突出的位置，坚持标本兼治、综合治理、惩防并举、注重预防的方针，严格执行党风廉政建设责任制，在坚决惩治腐败的同时加大教育、监督、改革、制度创新力度，更有效地预防腐败，不断取得反腐败斗争新成效。

要加强廉洁从政教育和领导干部廉洁自律。贯彻为民、务实、清廉的要求，在全党深入开展党性党风党纪教育，把廉政教育列入干部教育培训规划，有针对性地开展示范教育、警示教育、岗位廉政教育，改进教育方式，提高教育实效。加强廉政文化建设。领导干部要严格遵守廉洁自律各项规定，严格要求自己和配偶子女、身边工作人员。依纪依法查处和整治领导干部利用职务便利为本人或特定关系人谋取不正当利益等问题。完善党员领导干部报告个人有关事项制度，把住房、投资、配偶子女从业等情况列入报告内容。加强对配偶子女均已移居国（境）外的公职人员管理。进一步规范离退休领导干部在企业和各类学会、协会、基金会任职行为。按照节俭、高效、廉洁的原则，继续推进公务消费和公务接待制度改革。

要加大查办违纪违法案件工作力度。保持惩治腐败高压态势，坚决遏制一些领域腐败现象易发多发势头，决不让任何腐败分子逃脱党纪国法惩处。严肃查办发生在领导机关和领导干部中滥用职权、贪污贿赂、腐化堕落、失职渎职案件，严肃查办商业贿赂案件和严重侵害群众利益案件，严肃查办群体性事件和重大责任事故背后的腐败案件。加强工程建设、房地产开发、土地管理和矿产资源开发、国有资产管理、金融、司法等领域专项治理。健全反腐败协调工作机制，加强查办大案要案组织协调，形成整体合力。健全反腐倡廉网络举报和受理机制、网络信息收集和处置机制。坚持依纪依法办案，完善举报人和证人保护制度，保障被调查人合法权益，依法追究诬告陷害行为。完善重大案件剖析制度和通报制度，发挥查办案件惩戒功能和治本功能。

要健全权力运行制约和监督机制。以加强领导干部特别是主要领导干部监督为重点，建立健全决策权、执行权、监督权既相互制约又相互协调的权力结构和运行机制，推进权力运行程序化和公开透明。凡涉及群众切身利益的重大决策都要向社会公开，接受群众监督。严格执行和不断完善领导干部述职述廉、诚勉谈话、函询、质询、罢免或撤换等制度，地方党委常委会要把廉政勤政、选人用人等方面工作作为向全委会报告的重要内容。推行党政领导干部问责制、廉政承诺制、行政执法责任制。加强和改进巡视工作，健全巡视工作领导机制，选好配强巡视干部，完善巡视程序和方式，提高巡视成效。完善纪检监察机关派驻机构统一管理，健全对驻在部门领导班子及其成员监督的制度。完善党政主要领导干部和国有企业领导人员经济责任审计，加强对财政资金和重大投资项目审计。坚持党内监督与党外监督、专门机关监督与群众监督相结合，发挥好舆论监督作用，增强监督合力。

要推进反腐倡廉制度创新。坚持用制度管权、管事、管人，深化重要领域和关键环节改革，最大限度减少体制障碍和制度漏洞，完善防治腐败体制机制，提高反腐倡廉制度化、法制化水平。深化行政管理体制改革，加快推进政企分开、政资分开、政事分开、政府与市场中介组织分开，进一步减少和规范行政审批。深化司法体制和工作机制改革，加强对司法活动的监督，健全执法过错、违纪违法责任追究等制度，保证公正司法。深化预算管理制度改革，完善和规范财政转移支付制度，加强财政性资金和社会公共资金管理，彻底清理

"小金库"。健全金融市场机制，加强金融监管和内控机制建设，完善金融账户实名制，有效防止和严厉惩处利用证券市场和资本运作等手段进行腐败活动。完善政府重大投资项目公示制和责任追究制。按照加快形成统一开放竞争有序现代市场体系要求推进相关改革，建立健全防止利益冲突制度，完善公共资源配置、公共资产交易、公共产品生产领域市场运行机制。完善国有企业权力运行制衡机制、薪酬激励和约束机制。加强反腐倡廉制度执行情况监督检查，提高制度执行力，维护制度权威性。

（二）中国发展面临的外部压力与挑战

中国特色社会主义道路在未来的发展中不仅面临着来自内部的矛盾与困难，同时也面临着外部的压力与挑战。这些压力与挑战主要表现在：

1. 霸权主义、强权政治依然存在，以各种手段遏制中国发展。冷战结束后，美国成为唯一超级大国。从力量对比看，它拥有其他各国无法比拟的综合国力，而且这一现实绝非短时期内所能改变。力量对比的绝对优势决定了美国要建立由其"领导"的国际政治经济秩序，或者说称霸全球并且"霸权永续"。为了实现这一战略目标，它凭借超强的综合国力，尤其是金融优势、科技领先和军力超强，极力阻止出现任何可能对其"独一无二地位"提出挑战的国家或国家集团，同时加紧抢占全球化资源和战略要地，这既是为了扩大自己的势力范围和战略回旋余地，又是为制约其他国家的发展壮大。美国实施这一战略就把它自身摆在同谋求和平与发展的各国人民相对立的地位。换句话说，它是世界的和平与发展以及各国的主权、安全的主要威胁。十几年来，美国的这一战略没有改变，今后只要它还在力量对比上占有绝对优势也不可能改变。这是不以人们的主观意愿为转移的。只不过在不同时期它推行这一战略的策略手法和部署上的轻重缓急会有所调整而已。

美国对中国的遏制是由来已久的，历史上参与瓜分中国，二战后制定全面遏制战略、干涉台湾问题、发动朝鲜战争，80年代加紧和平演变，支持中国分裂势力的活动。不断制造摩擦和事端，如轰炸我驻南使馆、中美撞机事件等。而且美国遏制中国的战略具有一贯性和继承性。中国作为一个有14亿人口的新兴国家，坚持走社会主义道路，是目前世界上最大的社会主义国家，从意识形态和阶级斗争角度看，美国必把中国视为继前苏联后的最大对手，当然不希望中国发展强大起来。特别是中国改革开放30年的快速发展，使得美国在战略上更加重视中国，把中国视为敌人中的敌人，并断言中美冲突不可避免。美国从其全球战略出发是绝不会听任中国顺利地和平发展的,总会不遗余力地进行阻挠、干预、破坏。这是美国霸权主义的本性所决定的。美国霸权主义的威胁将会长期存在,这是中国和平发展无法回避的问题。

2. 中国周边环境中存在着许多对中国发展不利的、不确定的因素。中国周边环境对中国发展不利和不确定的影响主要表现在两个方面,一是因竞争、历史遗留问题产生的对中国发展的周边恐惧;二是周边不同程度的政治动荡。

中国在亚洲的大国地位是不可否认的,无论从历史还是现实及未来发展来看,中国都在地区发挥着举足轻重的作用。中国国力的发展壮大,引起了一些周边国家的焦虑,加上一些反华势力的"中国威胁论"的宣传,产生了恐惧心理。"以至于中国在周边地区的一些行为被认为傲慢和具有侵略性","比如1995 年中国在南中国海的美济礁修建永久性设施,2009 年和2010 年中国渔政船在南中国海巡航、护渔、伸张主权,以及2010 年中国海军舰队在重申附近海域演习等等行为,已经引起一些东南亚国家及日本的焦虑"。① 在这种恐惧心理的作用下,周边国家萌生了谋求大国对东亚事务的干涉、制衡中国的非理性想法。

中国周边国家本身也都处于政治转型期,多国陷入不同程度的政局动荡。中亚吉尔吉斯斯坦内乱、西亚、南亚恐怖势力活动猖獗、东南亚泰国大闹"红衫军"、东亚日本频繁组阁、东北亚朝韩危机等。"周边乱局直接危及中国的沿边发展与安全,……大国(在亚洲)争夺加剧危害中国的地缘政治经济利益,侵蚀中国的地缘战略依托,中国将面临'龙困浅滩'的危险。……邻国政局动荡、极端与恐怖势力猖獗威胁中国的海外利益。……中国的'大国责任'压力不断上升,'两难'困境加剧,不干涉内政原则备受冲击"。②

周边的恐惧会带来邻国对中国的敌视和防范;周边政局动荡,地区稳定难以维持。这使得中国发展需要的第一重稳定外部环境受到威胁。

3. 祖国统一和领土主权、海洋权益问题一定程度上影响着中国的发展。我国与大部分邻国陆地边界问题基本解决,局势相对稳定,但中印边界一些领

---

① 张小明:《影响未来中国周边安全环境的因素》,《当代世界》,2010 年第6 期,第26~28 页。
② 陈向阳:《对当前中国周边地区形势动荡的几点看法》,《亚非纵横》,2010 年第4 期,第15~18 页。

土问题尚未未解决。中印双方就边界问题多次晤中，双方都表示重视彼此，要建立战略伙伴关系，寻求双方都能接受的边界解决方案。

台湾问题是影响中国发展的最大主权因素。台湾地区是中国东南沿海的重要屏障，素有"七省之藩篱"、"东南之锁钥"之称。同时也是中国直接面向太平洋的唯一门户，关系到中国的制海权和制空权，具有重要的军事战略意义。虽然两岸已实现了直接三通，加强了各项联系和往来，但目前两岸人民最紧迫的任务仍是反台独，岛内台独势力与岛外反华势力勾结，给祖国统一制造障碍，再加上大国势力的干涉，使得台湾问题复杂化。

台湾问题还直接影响到大面积的海上主权。"进入21世纪，中国陆地边疆的安全问题相对稳定，但海上方向仍存在许多悬而未决的问题"①，"在未来10~20年中，中国所面临的安全威胁中最为紧迫、也最有可能失控的将依次是：台湾问题、南沙争端"。② 海上主权争端北起钓鱼岛，南至南沙群岛。日本加紧了对钓鱼岛的控制，并在东海中国大陆架进行油气勘探，妄图造成实际控制的局面。南沙海域，中国实际控制区域小，失控的岛礁就意味着失去大面积的领海和专属经济区。正是因为台湾问题，中国无法有效控制群岛的全部，而且美国等大国为遏制中国也以各种借口开始介入南沙问题，中国将面临更为复杂的局面。

4. 国际上一些国家及民众对中国的发展存有疑虑。中国的发展确实使一些国家感到了危机，"中国经济的发展，让美国等西方国家在经济上的不安全感必然导致政治上的恐慌，中国国力的提升和军事现代化也自然导致美国等西方国家政治、军事不安全感进一步加深"，③ 这些国家想尽办法煽动尽可能多的国家孤立中国、排斥中国、敌视中国，于是"中国威胁论"愈演愈烈。"中国威胁论"是1990年日本防卫大学副教授村井友秀在《诸君》月刊上发表了一篇题为《论中国这个潜在的敌人》的文章，从国力角度论证中国将是一个潜在的敌人，首次提出"中国威胁论"。经过多年的发展和不少人的精心策划，已经有了多个变种和版本，如"中国经济威胁论"、"中国军事威胁论"、"中国环境威胁论"、"中国能源威胁论""中国文化威胁论"等等，最近又出

---

① 张炜，郑宏：《论我海军发展的战略需求与机遇》，《军事学术》，2004年第10期。
② 魏光明：《南海海域形成"六国七方"》，《中国国情国力》，2001年第4期，第12页。
③ 王东：《关于上合组织军事合作与"中国威胁论"的思考》，《学术界》，2010年第10期，第69页。

现了"中国主宰世界论"的言论。

这些威胁论的内容都是有一套完备的运作机制的西方媒体主观臆断设定的议题,再经过政客、智库的精心策划,发出不断重复的海量新闻,不仅影响了西方公众对中国的认知和思维,使得很多国家和民众把中国的发展和威胁联系在一起,似乎中国发展起来注定会威胁别国及别国民众的生存;而且影响到发展中国家对中国的态度,甚至出现了非洲版的"中国威胁论":把中国对非的友好援助说成是"阴谋"和"新殖民主义"。显而易见这样的舆论氛围对中国的发展极为不利,严重影响了中国发展的外部环境,中国产品出口不断遇到反倾销的麻烦;本国失业人口增多归咎于"中国制造";中国能源企业对外开展能源合作被指是挖墙脚等。"从俄罗斯对中国的防范到东盟国家亲美排华势力的猖獗;从南美洲国家对中国的心存芥蒂到大洋洲国家对中国的高度警惕,无不与'中国威胁论'有着千丝万缕的联系。"① 国际社会对中国产生的误解和疑虑越来越多。

上述来自外部的压力与挑战,如果我们解决得不好,必然影响国内建设的大局。因此我们必须采取措施,积极应对挑战,妥善处理好各方关系,努力为国内社会主义现代化建设创造一个良好的外部环境。

第一,要妥善处理与大国的关系,积极倡导多极化。"大国是关键",在维护我国独立、主权和领土完整的大前提下,求同存异,加强对话与交流,妥善处理中美之间的矛盾与分歧,争取两国关系平稳发展。

美国对中国的遏制战略是长期的,不能期待美国的自觉改变,能够使美国改变对中国态度的只能是中国自身的发展强大。在发展的过程中要同美国的遏制进行坚决斗争,坚决维护国家主权和利益,积极应对美国的挑衅行为,针锋相对地予以回击,不以妥协换和平。不妥协不等于搞对抗。中国外交工作中奉行的和平共处五项原则,同样适用于对美国的关系,中国主张世界的多样性,尊重美国人民的选择,不把中国的意识形态、政治体制及价值观念向美国推销。斗争、竞争是一方面,合作是另一方面,中国同美国要进行互惠共赢的合作。经济全球化的潮流不可逆转,人类面临着共同的安全问题与环境问题,这是中美之间及全世界的共识,各国经济的发展、解决人类的共同安全与环境问

---

① 李青:《"中国威胁论"的内涵、危害及现实对策》,《襄樊职业技术学院学报》,2010年第3期,第52页。

题，离不开各国的团结合作。美国是最大的发达国家，中国是最大的发展中国家，两个大国的团结与合作对世界和平与发展意义重大，从中国和世界利益出发致力于建立中美新型伙伴关系，在平等和相互尊重的基础上坚持进行对话，不搞对抗，妥善解决分歧，推动经济领域的全面合作，建立元首互访制度、高级官员磋商制度及其他沟通协商机制。

积极推进世界多极化，建立政治经济新秩序。霸权主义和强权政治是威胁世界和平的最大因素，反对美国霸权和强权政治不仅仅是为了中国一国的利益，更是为了世界人民的共同福祉，特别是广大发展中国家人民的利益。在霸权和强权控制的世界政治经济旧格局中，后发展国家依序成为大国附庸，受尽大国剥削。倡导多极化，反对霸权主义符合世界人民的利益，会得到绝大多数国家的支持，中国倡导建设"和谐世界"的思想正是一贯反霸主张的体现。中国还应以更加长远的眼光和战略性风度处理中美关系，借助与其他大国的关系构建中国在世界政治中的结构性资源，考虑构建中美日、中俄印、金砖四国等大国多边协调机制，平衡中美关系，达到美国能够容忍中国的发展、赢得宽松的发展环境的目的，最终使美国不得不接受中国发展的事实，逐步转变对中国的战略。

第二，要加强与周边国家的合作交流，争取良好的周边环境。中国的周边是世界上最复杂的周边。邻国数量多、历史遗留边界问题多、历史与现实的矛盾冲突多。而且敌对势力也在争取周边国家的同盟，形成对中国的军事包围之势。周边环境的稳定对中国的发展至关重要。早在建国初期，为"安定四邻"中国做出了许多努力。如今"周边是首要"又成为中国外交格局的支柱之一。为保证能够顺利平稳发展，中国必须加强与周边国家的合作交流，尽最大努力维护良好的周边环境。

在争议边界问题上中国政府一贯主张通过和平谈判、公正合理地解决历史遗留问题。但由于别有用心的外部势力的干预，在边界问题处理上出现了新的困难。"怎样做才能既坚持谈判协商解决争端的基本原则，又回击恶意挑衅，坚决捍卫主权完整？"① 在"主权我属"基本立场和"搁置争议、共同开发"政策思想不变的前提下，和平谈判解决问题是主流，但对于各种各样的挑衅应当予以有效回击，包括舆论谴责、对等报复及必要时适当的武力使用。有理有

---

① 曲星：《和谐万邦走向共赢》，《光明日报》，2010年10月16日第008版。

利的回击是维护主权的需要,也是增加谈判权重的需要。

本着互利互惠的原则,中国的发展带动区域经济的共同繁荣。在区域经济发展方面,中国及周边各国都做了很多工作,如东盟与中、日、韩、印、澳、新的"10+6"机制;2010年1月建成的中国——东盟自由贸易区;2001年成立的上合组织等等。中国作为地区大国起到了举足轻重的作用,承担了更多的责任,支持了周边国家的经济发展。和平发展,重在周边,中国坚持"与邻为善、以邻为伴"和"睦邻、安邻、富邻"的方针,发展自己的同时使周边各国从中受益,从而促进周边环境持久和平、稳定。

消除疑虑,增进互信。尽管中国一再表明自己的发展只会有利于世界的和平与发展,小心地处理与周边国家的政治经济关系,但"由于历史的原因和西方的宣传,一些周边国家对中国存有某种疑虑","担心中国恃强凌弱"。① 为了地区稳定,应当消除疑虑,增进互信。在理论上要大力宣传针对周边的新安全观,即"互信、互利、平等、协作"。明确阐述"和"的理念。在实践上践行"和"的理念,为地区和谐及世界和谐做出努力。

第三,要继续加强与发展中国家的团结与合作,巩固全方位外交。"发展中国家是基础"指的是中国与发展中国家的关系是中国外交工作的基础。最早承认中国、支持中国的是广大发展中国家,中国支援和声援了亚非拉人民的民族解放运动,中国与发展中国家的友谊就是在共患难中建立起来的。正是有了与发展中国家巩固的外交关系,才奠定了中国外交基本格局,在同西方霸权、强权的斗争中有了有力支撑。然而近些年由于西方反华势力的丑化和歪曲、中国与发展中国家在经济全球化背景下新的互利共赢合作模式的不成熟、发展中国家自身的变化导致了一些分歧和矛盾。在这种背景下更加强调与发展中国家的团结与合作,对中国的外交工作及和平发展意义重大。

首先要正确认识中国与发展中国家的分歧与矛盾。发展中国家的发展产生利益多元化,带来多样的政治诉求,加上西方国家的影响,萌生了与中国的疏离感。中国自身存在对发展中国家民众外交公关不足的问题,对这些国家帮助很多,民众却不能给以公正、客观、肯定的评价。这些导致了矛盾和分歧。但这些分歧并不具有决定意义,不会撼动传统的友谊。

其次要解放思想,创新对发展中国家的外交工作思路。对发展中国家外交

---

① 曲星:《和谐万邦走向共赢》,《光明日报》,2010年10月16日第008版。

工作也要"以经济建设为中心"。中国与广大发展中国家当年面临相同的民族解放的任务,当下又都面临相同的发展的任务,在根本利益上是一致的。本着互利共赢的宗旨,开展经济合作与援助是巩固与发展中国家关系的一条重要路径,"引导驻外企业做好回馈当地社会的行动方案,给普通百姓带去'看得见的物质利益'和平等参与就业的机会,消弭当地狭隘民族主义煽动公众的隐患,打牢中国外交的民意基础"。① 改变政府间援助脱离民众的现象,从而获得民众积极肯定的认知。

中国是"第三世界"的一员,永远维护第三世界的利益。巩固同发展中国家的关系的传统优势,中国发展的安全稳定的国际环境就有了保障。

第四,要积极参与国际事务,承担与国力相当的国际义务,维护中国良好的大国形象。无论人们如何评价中国,中国的发展有目共睹。无论是"中国威胁论"还是"中国主宰世界论",都恰恰说明了中国锐不可当的发展势头。但这些言论无疑为中国的和平发展设置了障碍,必须消除这些障碍,让人们认识一个真实的中国。

利用"多边舞台",积极参与国际事务,承担与国力相当的国际义务,用国家行为说明中国维护世界和平,促进共同发展的诚意和决心,塑造良好的大国形象。"大国形象是指现时代的国际社会中一个大国应该具有的良好精神面貌与政治声誉,它是一种理想目标,是国际社会从时代精神角度赋予大国的各种义务、责任。它并不是一个具体、严谨的概念,也不是一个已经实现的事实,而是国际社会对大国的道义要求与精神认同,是一种社会建构。"② 中国要展现给世界的是"负责任的发展中大国"的形象。首先,中国积极推行多边外交政策,主张世界多极化,倡导建立新型平等的国家关系和公正合理的国际政治经济新秩序,和平解决国际争端。其次,中国恪守和平共处五项原则,绝不利用各种借口干涉别国内政,本着公正合理的原则斡旋地区及世界危机事件,维护世界和平。再次,中国在国际公共事务中要积极承担力所能及的大国责任,如在反恐、防扩散、抢险救灾、扶贫、"维和"行动,防范金融危机,全球气候治理等方面中国要树立承担责任、客观公正的大国形象。

---

① 吴白乙:《对中国与发展中国家政治关系的再思考》,《拉丁美洲研究》,2010年第4期,第9页。
② 郭树勇:《论大国成长中的国际形象》,《国际论坛》,2005年第6期,第51页。

国家形象非一朝一夕之功便能树立的,特别是还有那么多民众对中国存在误解的时候,这就需要我们有足够的耐心和持久的毅力,通过自身的和平发展使谣言不攻自破,说服存在偏见的国家和民众,逐渐清除民族复兴道路上的障碍。

三、中国特色社会主义道路的世界意义

中国特色社会主义道路的形成和不断拓展,具有重要的历史地位和时代价值。它不仅为中国实现社会主义现代化和民族伟大复兴找到了正确途径和发展模式,也为当代世界社会主义运动和发展中国家的建设发展提供了重要经验借鉴,为人类社会发展作出了重要贡献。

(一)中国特色社会主义道路对当代世界社会主义运动的意义

中国改革和发展的成功也是社会主义的成功,或者确切地说是社会主义一种发展模式的成功。这种成功是在世界社会主义运动出现严重挫折的条件下探索、总结并逐步发展起来的,它的成功无疑对世界社会主义的发展具有重要意义,将为世界社会主义运动的再度复兴产生示范效应。

1. 为处于低潮的世界社会主义运动注入了活力,为社会主义国家的人民增强了信念。世界社会主义运动曾有过高歌猛进的大发展,也曾经历过低潮,然而苏联东欧剧变却是世界社会主义运动自诞生以来遭遇的最为严重的打击。社会主义国家从原来的15个锐减到5个,社会主义国家的领土面积由占世界陆地面积的1/4锐减到约占世界陆地总面积的15.5%。世界范围内的共产党数量由20世纪80年代鼎盛时期的100多个国家和地区的270多个,减为目前102个国家的149个,除中国以外的各国共产党总人数从4400多万锐减至1000多万。世界社会主义运动处于低潮的情况下,西方敌对势力鼓吹社会主义失败论,预言不久将来共产主义意识形态和社会主义制度将在地球上消失。在这种情况下,中国特色社会主义理论和实践的成功,就是向世人昭告:当今世界,马克思主义没有过时,社会主义仍然具有旺盛的生命力。社会主义制度仍然是迄今为止人类社会最先进的社会制度,正如邓小平指出的:"只要中国

社会主义不倒，社会主义在世界将始终站得住。"① 他还进一步指出，"社会主义经历一个长过程发展后必然代替资本主义。这是社会历史发展不可逆转的总趋势，但道路是曲折的。资本主义代替封建主义的几百年间，发生过多少次王朝复辟？所以，从一定意义上说，某种暂时复辟也是难以完全避免的规律性现象。一些国家出现严重曲折，社会主义好像被削弱了，但人民经受锻炼，从中吸收教训，将促使社会主义向着更加健康的方向发展。因此，不要惊慌失措，不要认为马克思主义就消失了，没用了，失败了。哪有这回事！"② 事实业已证明，社会主义事业在中国的蓬勃发展，对世界社会主义的复兴产生了重大而深远的影响。我国的现代化建设是在人口多、底子薄的13亿人口的农业大国的基础上起步的，远远落后于西方资本主义国家现代化的起点和基础。但改革开放30年来，中国经济以世界上少有的速度持续快速发展起来，综合国力日益提高，与发达国家的差距不断缩小，人民生活从温饱不足发展到总体小康，农村贫困人口从2.5亿多减少到1000多万。据世界银行公布的数字表明，近25年来，全人类取得的扶贫事业成就中，67%的成就应归功于中国。实践表明，中国特色社会主义道路是改革开放以来我们取得一切成绩和进步的根本原因，是实现现代化和人民共同富裕的唯一正确道路。离开了中国特色社会主义道路，就没有中国的现代化，中国特色社会主义道路的实质就是中国式现代化道路。中国特色社会主义的成功实践和创新，展示出了社会主义的复兴之路和希望之光。这必然有助于世界上的共产党人和社会主义国家的人民坚定对马克思主义的信仰、增强对社会主义的信念。正如邓小平预言的："我坚信，世界上赞成马克思主义的人会多起来的，因为马克思主义是科学。"③

2. 为世界上现存的社会主义国家提供经验借鉴。马克思认为社会主义首先应该而且只能在高度发达的资本主义基础上建成。然而，十月革命后走向社会主义道路或以社会主义为方向的国家，它们中的绝大多数是经济比较落后的发展中国家。无产阶级革命取得胜利是一回事，建成社会主义社会则是另一回事。这些国家在社会主义制度建立以后，如何建设社会主义，经过几十年的探索，虽然积累了一些宝贵经验，但从根本上说还没有解决好这个问题，致使许

---

① 《邓小平文选》第3卷，人民出版社1993年版，第346页。
② 《邓小平文选》第3卷，人民出版社1993年版，第382~383页。
③ 《邓小平文选》第3卷，人民出版社1993年版，第382页。

多社会主义国家在社会主义建设实践中长期处于困难和困惑的境地，经济发展缓慢甚至出现倒退，人民生活长期得不到改善，一些国家甚至改旗易帜。中国特色社会主义道路的成功实践，为像中国这样经济文化比较落后的国家建立社会主义制度以后，怎样建设、巩固和发展社会主义等一系列重大问题提供了经验借鉴，有利于推动他们探索符合本国国情的社会主义道路。事实上，越南、古巴、老挝以及朝鲜现存社会主义国家都在中国的影响下鲜明地提出了要走有本国特色的社会主义道路的口号。越南在改革开放中提出走越南特色的社会主义道路。古巴改革伊始就强调要借鉴中国的经验，但强调从古巴的实际出发，不能照搬照抄。朝鲜正在探索朝鲜式社会主义道路，结合自己国情学习国外经验，而不是囫囵吞枣式地照搬某种模式。总之，中国特色社会主义探索了一条充满活力和生机的社会主义发展新道路，这使人们看到了世界社会主义运动新的曙光和希望。这必然有助于鼓舞人们继续探求适合本国国情的社会主义理论和社会主义道路，从而推进世界社会主义运动的发展。

（二）中国特色社会主义道路对发展中国家的意义

1. 中国发展道路为发展中国家提供了一种有别于西方的发展模式。现代化是人类历史发展的一个必经阶段，也是人类社会追求的重要发展目标。对任何民族国家而言，现代化不是一个要不要的问题，而是一个必须接受的历史过程。不推进现代化，就难以立足于世界，殖民地与半殖民地国家历史上的惨痛经历，就充分说明了这一点。对于刚刚独立的广大发展中国家来说，现代化依然是各国面临的最重要目标。要不要现代化已不是一个需要争论的问题，而要推行什么样的现代化，即走什么样的现代化道路，则是各发展中国家面临的现实难题。现代化起源于西方，长期以来人们认为接受现代化就等于接受西方的现代化道路和发展模式，在现实中许多发展中国家也都采取了以美国为主导的资本主义现代化发展模式，但大多以失败告终。不仅民主制度建立不起来，反而政治失序，经济落后，民生艰难。中国是第三世界中最大的国家，与广大发展中国家有着相似的背景，有着共同的历史遭遇，共同面临着消除贫困，发展经济的现代化课题。中国特色社会主义现代化道路的成功对广大发展中国家有着重大影响，至少说为其提供了一个有别于西方的发展模式，中国的发展经验在一定程度上对发展中国家具有借鉴意义。比如：改革开放、市场经济体制、以人为本的发展理念、和谐社会建设、渐进式的改革等等，这些都是积极回应全球化和反思现代化过程中的成果，具有普世的价值和意义。2004 年新加坡国立大学东亚研究所所长郑永年撰写的题为《"中国模式"概念的崛起》的文章中说：现在，随着"中国模式"的成功，很多第三世界国家似乎正在放弃美国民主模式而转向重视经济的"中国模式"。① 联合国秘书长潘基文赞扬中国在经济发展方面的榜样作用，希望中国与其他发展中国家分享发展经验。潘基文说："中国是世界上经济发展最快的国家之一，在经济发展方面树立了良好的榜样。中国的发展经验应当得到分享，值得发展中国家借鉴。"② 作为世界银行中国局局长，杜大伟（DavidDollar）认为："中国实行的改革开放称得上是全球经济中最重要的事件，不仅推动中国从一个贫穷落后的国家一跃成为世界最大、最重要的经济体之一，更重要的是，中国的改革开放为发展中国家提供了宝贵经验。"③ 中国"务实性"改革模式为发展中国家提供宝贵经验，事实上，一些发展中国家已经开始研究和学习中国经验了。比如，印度的专家学者、媒体、政要一直都在关注和积极探讨中国取得成功的原因，希望借鉴中国的成功经验，找到适合自己国情的发展道路。可以说，印度已将中国发展模式作为对比自己、认识自己的参照物。近年来，俄罗斯也开始深刻反思自己的发展模式。普京担任总统时在一些内部场合也透露，俄国要学"中国模式"。2009年6月，由商务部主办、国务院发展研究中心人力资源研究培训中心承办的2009年"经济社会政策咨询研修班"，由来自非洲、巴基斯坦等28个国家的49名司处级政府官员参加，目的是为了系统地了解30年来中国改革、开放和发展的历程，中国政府为此采取的主要战略措施和政策，以及未来中国发展的前景和经济社会发展政策的走向，学习和借鉴中国发展经验。由此可见，中国道路和中国发展模式已经和正在为发展中国家提供了一条可资借鉴的反对经典现代化理论和"华盛顿共识"的现代化新路。

2. 中国发展道路表明，一个国家要实现现代化就必须独立自主地探索具有本国特色的现代化发展道路和发展模式。"走自己的路"，是中国发展道路的根本经验，也是对发展中国家提供的有益借鉴。但是中国并不主张世界有什么固定、统一的模式。中国始终认为任何社会发展模式都是针对本国自身的发

---

① 郑永年：《"中国模式"概念的崛起》，[EB/OL]．http：//www.theory.people.com.cn，2009年3月13日。
② 《人民日报》（海外版）2008年9月13日第2版。
③ 杜大伟：《中国务实性改革值得借鉴》，[EB/OL]．http：//www.sina.com.cn，2008年12月3日。

展问题而提出的，不同的国家都有不同的地域、民族、历史和经济文化等方面的特殊国情，因此"世界上没有放之四海而皆准的发展道路和发展模式，也没有一成不变的发展道路和发展模式"。① 世界各国在谋求发展的道路上，都有自己的特色和经验，都有可以学习和借鉴的地方，我们主张"所有别人的东西都可以参考，但也只是参考。世界上的问题不可能都用一个模式解决"。② 中国从来反对向其他国家推行其社会制度和发展模式，尊重各国人民根据本国国情选择自己的发展道路，"各国人民根据各自国情，选择符合本国实际的社会制度和发展模式，制定行之有效的法律和政策，是合情合理的，应该受到尊重"，③ "各国人民最了解本国的具体情况，最有资格找到适合本国的发展道路"。④ 中国"尊重各国人民自主选择发展道路的权利，不干涉别国内部事务，不把自己的意志强加于人"，⑤ 对于广大发展中国家而言，改革面临的内外环境是十分错综复杂的，每个国家都必须立足于本国基本国情，从本国的实际情况出发，探索适合本国政治、经济和社会发展特点的改革发展道路，不可盲目照搬照抄别国的发展模式和经验。任何脱离本国基本国情的发展模式不仅难以实现而且最终会使本国陷入困境。新自由主义在拉美地区推行的改革恰恰犯了一厢情愿的错误，最后造成了改革的失败。而中国恰恰是由于在学习借鉴别国模式和别国经验中，没有照抄照搬，始终坚持立足自己的具体国情，走自己的路，才最终成功探索出中国特色社会主义道路。这是中国发展道路最重要的基本经验，也是对发展中国家最大的启示。

（三）中国特色社会主义道路对于人类文明和世界发展的意义

中国特色社会主义道路对世界各国有一个重要启示，就是一个落后的人口大国是完全可以通过自身的制度创新和艰苦奋斗，充分利用资源，调动国内外积极因素，实现自身的和平发展与和平崛起的。中国特色社会主义道路的成功，不仅是一种制度和发展道路的成功，也是一个伟大民族独立自信、开拓创新精神的集中体现。

---

① 胡锦涛：《在纪念党的十一届三中全会召开30周年大会上的讲话》，人民日报（海外版）2008年12月19日第2版。
② 《邓小平文选》第3卷，人民出版社1993年版，第261页。
③ 《江泽民文选》第1卷，人民出版社2006年版，第331页。
④ 《江泽民文选》第1卷，人民出版社2006年版，第331页。
⑤ 《中国共产党第十七次全国代表大会文件汇编》，人民出版社2007年版，第46页。

1. 中国特色社会主义道路表明，世界是多样的，要尊重发展模式的多样性。中国古代著名思想家庄子说："夫物之不齐，世之情也"，明确指出多样性是人类社会的本来面目和基本特征。从全人类看，世界上大多数国家都在努力追求现代化的目标，这是人类发展的大趋势。但是，由于每一个国家自然环境、人口数量、文化传统、政治信仰、价值观念、生活方式等的差异。因此在通往现代化的道路或模式的选择上是可以而必然是多样化的。目前，世界上有上千个民族组成的二百多个国家，由于基本国情的千差万别，因而在发展道路和发展模式上也是各不相同。从社会制度上看，有社会主义国家，有资本主义国家。但是同一种社会主义制度的国家在发展模式上也是不尽相同的，比如社会主义国家的发展模式就有苏联传统社会主义，中国特色社会主义，越南特色社会主义，古巴特色社会主义，朝鲜式社会主义等等。同为资本主义制度的国家，其发展模式也不是完全相同的，比如，美国是市场资本主义模式，日本是政府主导型资本主义模式，德国、法国是莱茵模式和北欧的民主社会主义模式等等。世界的多样性是世界历史的发展和人类社会的不断演变和进步所导致的，是客观存在的，是不以人的主观意志为转移的。不承认，不尊重世界的多样性，企图建立清一色的一统天下的发展道路或发展模式是不可能的。

尊重和维护世界多样性，是中国政府和中国领导人一贯坚持的原则和立场。无论是从第一代领导人毛泽东、周恩来积极倡导的"和平共处五项原则"还是到第二代领导人邓小平的提出的"一国两制"，无不体现着尊重世界多样性的思想。江泽民、胡锦涛更是多次阐述了中国政府尊重世界多样性的主张。2000年9月6日，江泽民在联合国千年首脑会议上的讲话中说："世界是丰富多彩的。如同宇宙间不能只有一种色彩一样，世界上也不能只有一种文明、一种社会制度、一种发展模式、一种价值观念。各个国家、各个民族都为人类文明的发展作出了贡献。应充分尊重不同民族、不同宗教、不同文明的多样性。世界发展的活力恰恰在于这种多样性的共存。"① 江泽民在党的十六大报告中进一步发展了这一思想，他指出："我们主张维护世界多样性，提倡国际关系民主化和发展模式多样化。世界是丰富多彩的，世界上的各种文明、不同的社会制度和发展道路应彼此尊重，在竞争比较中取长补短，在求同存异中共同发

---

① 《江泽民文选》第3卷，人民出版社2006年版，第110页。

展。"① 2006年4月21日，胡锦涛在美国耶鲁大学的演讲中强调："文明多样性是人类社会的客观现实，是当今世界的基本特征，也是人类进步的重要动力。历史经验表明，在人类文明交流的过程中，不仅需要克服自然的屏障和隔阂，而且需要超越思想的障碍和束缚，更需要克服形形色色的偏见和误解。意识形态、社会制度、发展模式的差异不应成为人类文明交流的障碍，更不能成为相互对抗的理由。我们应该积极维护世界多样性，推动不同文明的对话和交融，相互借鉴而不是相互排斥，使人类更加和睦幸福，让世界更加丰富多彩。"②

中国道路的成功进一步证明了世界文明的多样性的原理，中国通过自己的艰辛探索找到了具有自己特色的现代化发展道路，为世界多样化发展模式增添了重要一笔。

2. 中国作为一个有着14亿人口的发展中大国，中国的发展促进了世界经济发展，有利于亚太地区乃至世界的和平、稳定与繁荣。第一，中国是世界最大的发展中国家，中国自身保持政治稳定、经济繁荣，就是对世界和平与发展的最大贡献。改革开放30年来，中国经济以世界上少有的速度持续快速发展起来，我们已经成功实现了"三步走"战略的第一步、第二步目标，综合国力日益提高，人民生活从温饱不足发展到总体小康，农村贫困人口从2.5亿多减少到1000多万。据世界银行公布的数字表明，近25年来，全人类取得的扶贫事业成就中，67%的成就应归功于中国。中国用占世界7%左右的耕地，养活了占世界22%的人口，不但成功解决了人民生存问题，而且较好地解决了人民发展问题。使占世界人口1/5以上国家保持政治稳定、经济繁荣，民族团结，人民安居乐业，这本身就是对人类发展的重大贡献。

第二，中国的发展和强大，不是世界的威胁，而是世界的机遇。中国经济增长为世界经济发展注入了活力，成为世界经济增长的新引擎。改革开放30年来，中国经济一直保持持续快速增长。根据世界银行公布的数据显示，1980年到2000年期间，中国经济增长对世界国内生产总值增长的贡献率为14%，仅次于美国20.7%，排名第二。特别是近年来，在世界经济处于低迷的情况下，中国经济仍基本保持着7%～8%左右的年均增长率，明显高于世界其他

---

① 《十六大以来重要文献选编》（上），中央文献出版社2005年版，第36～37页。
② 《十六大以来重要文献选编》（下），人民出版社2006年版，第431～432页。

各类国家的年均增长率。国家统计局数据显示，2008年在遭受一系列自然灾害和国际金融危机冲击的情况下，中国GDP依然保持了9%的增速，对于世界经济增长的贡献超过20%。2009年，中国GDP年增长仍达8.7%，中国对世界经济增长的贡献超过了50%，中国成了带动全球经济复苏的重要引擎。

第三，中国奉行独立自主的和平外交政策，中国的发展将成为维护世界和平，促进共同发展的重要力量。中国奉行的独立自主和平外交政策在为我国的社会主义现代化建设创造一个长期稳定的国际环境的同时，也使中国成为维护世界和平与发展的坚定力量。中国政府和中国人民坚持走和平发展道路，恪守维护世界和平、促进共同发展的外交政策宗旨，永远不称霸，不谋求势力范围。在国际关系中坚持政治上相互尊重、平等协商；经济上相互合作、共同发展；文化上相互借鉴、求同存异；安全上相互信任、加强合作，坚持用和平的手段和方式解决国际争端。中国作为联合国安理会常任理事国，积极参与国际事务，勇于承担一个大国的责任。比如，在国际反恐合作、"朝核六方会谈"以及在亚洲金融危机中的表现，都充分显示了中国是一个负责任的世界大国。

总之，中国的和平发展与崛起，有利于国际经济秩序的改善，中国的发展为国际和平力量的增长作出了重要贡献。中国已成为世界上最重要的和平力量。

结 语

中国特色社会主义道路是在传统社会主义模式走向衰落，世界社会主义运动处于低潮、资本主义道路在全球的影响力日益扩大的时代背景下，独立自主开辟出来的一条经济文化落后的人口大国通向现代化和民族伟大复兴的成功之路。这条道路既符合中国自身发展规律的内在要求，又顺应了时代发展潮流；既坚持了科学社会主义基本原则，又超越了传统社会主义发展模式；既吸收和借鉴了人类文明特别当代资本主义以及民主社会主义的积极成果，又保持了社会主义道路自身的本质和特色。中国特色社会主义道路正是在这之中，展现了自身的独特价值和优势。

1. 中国特色社会主义道路是中华民族伟大复兴百年探索的必然结果和最佳选择。中国是一个有着悠久而辉煌历史的文明古国。但是自1840年鸦片战争以后，中国迅速衰败，逐渐沦为半殖民半封建社会，成为一个任人肆意欺凌的国家。为了谋求民族独立和国家富强，中国人民进行了前仆后继的英勇斗争。然而，无论是农民阶级领导的太平天国运动，还是地主阶级自救的洋务运动以及资产阶级改良派的戊戌维新运动，甚至包括推翻了封建君主统治的辛亥革命最终也都以失败而告终。百年沧桑的历史表明，无论是农民阶级、地主阶级还是资产阶级都不可能领导中国人民找到民族独立、国家富强的正确道路。是中国共产党的成立，才使中国社会发生了翻天覆地的变化，结束了中国半殖民地半封建社会的历史，实现民族独立和人民解放。中华人民共和国的成立和社会主义制度的建立为进一步实现民族复兴和国家富强创造了根本的政治前提和制度基础。中国共产党人为了这一伟大历史任务又开始了新的探索，但是经过几十年社会主义建设的实践，虽然取得了一些宝贵经验，但总的来说并没有找到一条正确的发展道路。回首新中国60年来的发展历程，可以说中国共产党是在风雨中找到了一条适合中国国情的发展道路。积60年之发展经验，上溯到百多年来中国人民为谋求独立、富强的发展道路的艰辛努力，更深刻地证明了这条道路的来之不易。可以说，今天中国特色社会主义道路的成功不仅是改革开放30年来的伟大成果，也不仅是新中国成立60余年艰苦努力的结果，也是中华民族百年来探索的历史结晶和必然选择。

2. 中国特色社会主义道路是社会制度选择与发展道路选择的双重成功，是对传统社会主义模式和资本主义现代化发展道路的双重超越。近现代以来，世界的历史就是各民族和国家通向现代化的历史。但是，在如何实现现代化的问题上，各民族和国家由于历史、文化等基本国情的不同，选择的道路不尽相同。迄今为止，在人类通往现代化道路实践中只有两种制度道路，即社会主义道路和资本主义道路。中国近现代特殊的国情决定了中国只能走社会主义道路，这是被历史和现实所证明了的正确选择。但是，选对了正确的制度道路并不代表现代化的发展道路的成功，而只是为这种成功奠定了基本的前提和基础。苏联在现代化的过程中也选对了制度道路，但是由于没有走对发展道路，最终走向失败。改革开放以来，中国特色社会主义道路在实现现代化的征途中，既坚持了社会主义的基本原则，充分发挥了社会主义制度的优越性，又克服了苏联传统社会主义的错误和弊端，实现了对其的超越和发展。同时，中国特色社会主义道路又积极汲取了资本主义现代化道路的文明成果和合理成分，但也同时克服了其制度本身存在的局限性和顽疾，与之保持根本的界限。总之，一句话：中国特色社会主义道路既汲取两种现代化道路的优势又克服了传统社会主义道路与资本主义道路的弊端，实现了双重超越，实现了社会主义制度与现代化发展道路的最佳结合。

3. 中国共产党的领导是中国特色社会主义道路的灵魂和保证。中国特色社会主义道路是在中国共产党的领导下成功开辟出来，也是在中国共产党的领导下进一步拓展的。中国共产党的领导是这条道路的核心和灵魂，离开中国共产党的领导，中国特色社会主义道路将不复存在。现在西方很多学者在谈到中国特色社会主义道路时，往往用"中国模式"、"中国经验"、"北京共识"等进行概括，大都有意无意地淡化中国特色社会主义道路的社会主义性质，特别是在总结中国特色社会主义道路的成功经验时，很少提及中国共产党的伟大作用，企图把中国共产党的作用与中国特色社会主义道路的成功割裂开来，对此我们必须保持清醒地认识和高度的警惕。

4. 中国特色社会主义道路是符合中国国情的开放性发展道路，具有广阔的发展前景。改革开放30年的历史充分证明，中国特色社会主义道路符合社会主义初级阶段的基本国情，能最大限度地解放和发展生产力；能够保证生产资料和劳动成果的主体部分归劳动者共同占有和支配，防止两极分化，实现共同富裕；能够激发全国各族人民万众一心、团结统一、自强不息、百折不挠、励精图治的伟大民族精神和时代精神；能够使我们战胜一切艰难险阻，实现民族振兴、国家富强和人民幸福。在前进的道路上，无论遇到什么复杂局面，无论遇到什么风险考验，我们都必须毫不动摇地坚持和发展中国特色社会主义道路。

"实践永无止境，探索和创新也永无止境"。改革开放30年来，中国特色社会主义道路虽然获得了巨大成功，但是中国特色社会主义道路并非完美无缺，它没有也不可能解决现实中的所有的矛盾与问题。况且中国特色社会主义，是一个以社会主义初级阶段为起始阶段、需要经历若干个不同发展阶段的漫长历史进程，需要几代人、十几代人甚至几十代人坚持不懈地努力奋斗。在前进道路上，还会出现各种各样的可以预见和难以预见的新情况、新问题。这就更需要我们既要坚定不移地坚持中国特色社会主义道路，又要解放思想、与时俱进、开拓创新，奋力开拓中国特色社会主义道路更为广阔的发展前景。

参考文献

一、经典著作与重要文献：

1. 《马克思恩格斯选集》1~4卷，人民出版社，1995年版。
2. 《列宁选集》1~4卷，人民出版社，1995年版。
3. 《斯大林文集》，人民出版社，1985年版。
4. 《建国以来毛泽东文稿》（1~13）中央文献出版社，1997-1998年版。
5. 《毛泽东选集》1~4卷，人民出版社，1991年版。
6. 《刘少奇选集》（上下卷），人民出版社，1981年版。
7. 《周恩来选集》（上下卷），人民出版社，1980年版。
8. 《邓小平文选》1~3卷，人民出版社，1993年-1994年版。
9. 《江泽民文选》，人民出版社，2006年版。
10. 《中共中央文件选集》1~14册，中共中央党校出版社，1987-1998年。
11. 《建国以来重要文献选编》1~20册，中央文献出版社，1992-1998年版。
12. 《三中全会以来重要文献选编》（上中下），人民出版社，1982年版。
13. 《十二大以来重要文献选编》（上中下），人民出版社，1986年版。
14. 《十三大以来重要文献选编》（上中下），人民出版社，1991-1993年版。
15. 《十四大以来重要文献选编》（上中下），人民出版社，1995-1998年版。
16. 《十五大以来重要文献选编》（上中下），人民出版社，1999-2003年版。
17. 《十六大以来重要文献选编》（上中下），中央文献出版社，2005-2008年版。
18. 《洋务运动》（全八册），中国史学会主编，上海人民出版社，1957年版。
19. 《孙中山全集》（全十一册），广东社科院等编，中华书局，1986年版。

二、学术著作：

20. 布莱克：《现代化的动力》，四川人民出版社，1998年版。
21. 艾森斯塔德：《现代化：抗拒与变迁》，人民大学出版社，1989年版。
22. 于尔根·库欣斯基：《生产力的四次革命：理论和对比》商务印书馆，1984年版。

23. 罗荣渠：《各国现代化比较研究》，陕西人民出版社，1993年版。

24. 姜德昌，夏景才主编：《资本主义现代化比较研究》吉林人民出版社，1989年版。

25. 布来克：《日本和俄国的现代化》，商务印书馆，1984年版。

26. 吴志生主编：《东南亚国家经济发展战略研究》，北京大学出版社，1987年版。

27. 罗荣渠，牛大勇编：《中国现代化历程探索》，北京大学出版社，1992年版。

28. 罗荣渠主编：《从"西化"到现代化——五四以来有关中国的文化趋向和发展道路论争文选》，北京大学出版社，1990年版。

29. 吉尔伯特．罗兹曼《中国的现代化》，上海人民出版社，1989年版。

30. 林诗辉：《孙中山先生与中国现代化之研究》，台北正中书局，1992年。

31. 中央研究院近代史研究所编：《中国现代化论文集》，中央研究院近代史研究所（台北），1991年版。

32. 章开沅，朱英主编：《对外经济关系与中国近代化》，华中师范大学出版社，1990年版。

33. 张琢：《九死一生——中国现代化的坎坷历程和中长期预测》，社会科学出版社，1992年版。

34. 许涤新，吴承明：《中国资本主义的发展史》，第1~3卷，人民出版社，1985年版。

35. 吴承明：《中国资本主义的发展述略》，中华书局，1981年版。

36. 章开沅：《离异与回归——传统文化与近代化关系试析》，湖南人民出版社，1988年版。

37. 许华茨：《严复与西方》，职工教育出版社，1990年版。

38. 毛磊等主编：《中西500年比较》，中国工人出版社，1989年版。

39. 陈勤等著《中国现代化史纲》（上、下卷），广西人民出版社，1998年版。

40. 沈嘉荣主编：《中国现代化百年探索》，南京出版社，1998年版。

41. 吴忠民：《渐进模式与有效发展》，东方出版社，1999年版。

42. 武克全主编：《现代化扩展中的世界与中国》学林出版社，1999年版。

43. 郑德荣主编：《国情．道路．现代化》，吉林文史出版社，2001年版。

44. 王文章：《中国现代化进程中的国家与市场》，北京大学出版社，2004年版。

45. 王鑫：《邓小平发展观与当代中国实践》，人民出版社，2002年版。

46. 罗归国：《中国社会主义现代化建设战略研究》，中共中央党校出版社，1998年版。

47. 刘琳：《开拓　超越　创新——毛泽东　邓小平　江泽民现代化思想比较研究》，新华出版社，2002年版。

48. 徐崇温：《世纪之交的社会主义与资本主义》，河南人民出版社，2002年版。

49. 熊云：《面向21世纪的国家发展战略》，中共中央党校出版社，2001年版。

50. 周春明：《经济全球化与有中国特色社会主义》，中国人民大学出版社，2001年版。

51. 尹保云：《什么是现代化——概念与范式的探讨》，人民出版社，2001年版。

52. 卢之超，王正泉主编：《斯大林与社会主义——世界第一个社会主义模式剖析》，社会科学文献出版社，2002年版。

53. 鲁鹏：《制度与发展关系研究》，人民出版社，2002年版。

54. 施九青：《当代世界社会主义研究》，天津社会科学院出版社，2000年版。

55. 宋萌荣等：《开创人类新文明的伟大实验——二十世纪社会主义发展的历史经验》，人民出版社，2000年版。

56. 王洪模等：《改革开放的历程》，河南人民出版社，1989年版。

57. 赵剑英主编：《复兴中国——中共第三代对中国现代化的新追求》，社会科学文献出版社，1999年版。

58. 中共中央党校科学社会主义教研部：《当代社会主义若干前言问题》，中共中央党校出版社，1998年版。

59. 赵曜，秦刚主编：《科学社会主义：从马克思到邓小平》，江苏人民出版社，1998年版。

60. 张步洲等主编：《发展中的国情建设中的现代化》，中国人民大学出版社，1993年版。

61. 李佑新等：《社会发展论——当代中国社会现代化的宏观考察》，湖南人民出版社，1998年版。

62. 包心鉴：《中国特色社会主义发展道路论纲》，人民出版社，1994年版。

63. 薛汉伟：《时代发展与中国特色》，北京大学出版社，1996年版。

64. 赵明义主编：《社会主义、传统模式及其改革》，黄河出版社，1993年版。

65. 严书翰等：《现代化与社会全面发展——邓小平经济发展与社会全面进步思想研究》，红旗出版社，1999年版。

66. 包心鉴，张全新主编：《发展跨世纪中国的战略选择》，济南出版社，1997年版。

67. 宋书伟：《协调与持续发展理论和中国发展道路》，经济科学出版社，1999年版。

68. 杨德明：《中国经济的发展、改革与借鉴》，当代中国出版社，1995年版。

69. 马仲良主编：《世界现代化进程中的中国社会主义》，同心出版社，1997年版。

70. 方雷：《现代化战略与模式选择》，山东人民出版社，1996年版。

71. 李福海等：《历史性转折——邓小平对有中国特色社会主义发展模式的建构》，西北大学出版社，1993年版。

72. 汤玉奇等：《生死攸关——两种制度共存条件下的竞争战略》，山东人民出版社，

1993年版。

73. 荣长海主编：《中国社会主义道路的特殊性》，天津人民出版社，1998年版。

74. 周光迅主编：《当代世界与中国》，石油大学出版社，1996年。

75. 张将明：《邓小平理论与现代化建设辩证法》，人民出版社，1998年版。

76. 韩保江：《中国奇迹与中国发展模式》，四川人民出版社，2008年版。

77. 徐贵相：《中国发展模式研究》，人民出版社，2008年版。

三、论文

78. 李忠业，杨宪福：《"四个现代化"对探索建设中国特色社会主义道路的启示》，《毛泽东思想研究》，2008年01期。

79. 姜辉：《中国特色社会主义道路越走越宽广》，《求是》，2008年02期。

80. 陈先达：《坚持中国特色社会主义道路与历史周期律》，《前线》，2008年01期。

81. 朱佳木：《正确看待改革开放前后两个时期的历史及其联系——深刻认识和准确把握中国特色社会主义道路的实质》，《中共党史研究》，2008年01期。

82. 雷云：《论中国特色社会主义道路》，《中共浙江省委党校学报》，2008年01期。

83. 赵曜：《中国特色社会主义道路的科学内涵》，《光明日报》，2008年2月26日。

84. 张建：《从"两个必然"看坚持中国特色社会主义道路》，《科学社会主义》，2008年01期。

85. 秦宣：《中国特色社会主义道路的科学内涵》，《中国特色社会主义研究》，2008年01期。

86. 邢和明：《总结新中国32年的历史经验开创了中国特色社会主义道路》，《北京党史》，2008年02期。

87. 马龙闪：《中国特色社会主义就是"中国模式"》，《北京日报》，2008年6月2日。

88. 曾国俊等：《中国特色社会主义道路的历史必然性及其发展前景》，《理论导报》，2008年01期。

89. 贺钦：《中国特色社会主义道路对发展中国家的启示》，《马克思主义研究》，2008年02期。

90. 肖贵清，刘爱武：《中国特色社会主义道路的内涵及其特征》，《中国特色社会主义研究》，2008年02期。

91. 刘国新：《中国特色社会主义道路的成功实践》，《当代中国史研究》，2008年02期。

92. 陈雪薇：《中国特色社会主义道路的30年探索》(1978-2008)，《中共中央党校学报》，2008年03期。

93. 肖向平：《中国特色社会主义道路生成路径探寻》，《学术论坛》，2008年04期。

94. 辛向阳：《中国特色社会主义道路的内涵解析》，《当代世界与社会主义》，2008 年 03 期。

95. 赵存生：《社会主义的历史进程与中国特色社会主义道路的开辟》，《思想理论教育导刊》，2008 年 07 期。

96. 皮坤乾：《从经验到规律：中国特色社会主义道路的发展历程及未来趋向》，《河南社会科学》，2008 年 03 期。

97. 李江源，方健：《中国共产党人的伟大探索——中国特色社会主义道路的光辉历程》，《理论导报》，2008 年 06 期。

98. 常宗耀：《关于中国特色社会主义道路的世界意义》，《理论探索》，2008 年 04 期。

99. 王世涛：《近代以来中国两大社会追求的张力及统一——兼论中国特色社会主义道路的伟大意义》，《求实》，2008 年 07 期。

100. 李仁银：《论中国特色社会主义道路和理论体系的形成》，《唯实》，2008 年 07 期。

101. 李永清：《中国特色社会主义道路是实现中华民族伟大复兴的必由之路》，《理论学刊》，2007 年 08 期。

102. 牛先锋：《走中国特色社会主义道路的历史必然性和现实意义》，《思想理论教育导刊》，2007 年 09 期。

103. 李景田：《坚定不移走中国特色社会主义道路》，《中国党政干部论坛》，2007 年 11 期。

104. 薛金华：《中国特色的社会主义现代化发展模式：中国模式》，《湖北社会科学》，2008 年 08 期。

105. 张效英，吴波：《中国社会主义现代化根本要求及其实践的历史考察》，《思想理论教育导刊》，2008 年 08 期。

106. 董四代：《三维范式转变中的中国特色社会主义现代化》，《学习论坛》，2007 年 01 期。

107. 吴玉敏：《中国现代化视域中的中国特色社会主义选择》，《社会主义研究》，2008 年 04 期。

108. 刘金源：《世界现代化潮流中的中国特色社会主义道路》，《探索与争鸣》，2007 年 11 期。

109. 王珂瓐：《中国社会主义现代化发展模式论的历史演变》，《江西社会科学》，2006 年 01 期。

110. 郭建彬，吴道鹏：《社会主义在中国现代化进程中的历史地位》，《理论观察》，2006 年 04 期。

111. 王连峰：《两种全球化与中国特色社会主义现代化道路之选择》，《天津市工会管理干部学院学报》，2005 年 01 期。

112. 韩振峰：《试论走中国特色社会主义道路的历史必然性》,《广西社会科学》, 2007 年 11 期。

113. Grasso, June. 1991. Modernization and revolution in China. N. Y. : M. E. Sharp.

114. Gregor, James. 1995. Marxism, China & Development: Reflections on Theory and Reality. N. J. : Transaction Publishers.

115. Nolan, Peter. 1993. State and Market in the Chinese Economy: Essays on Controversial Issue. The Macmillan Press LTD.

116. Derbyshire, Ian. 1987. Politics in China: from Mao to Deng. Cambridge: Chambers.

117. White, Gordon. ed. 1991. The Chinese State in the Era of Economic Reform in post-Mao china. Houndmills, Basingstoke, Hampshire: Macmillan.

后 记

　　本书系作者在东北师范大学就读博士时撰写的博士毕业论文，取材于作者承担的导师郑德荣先生2008年立项的国家社科基金课题《中国特色社会主义道路基本问题研究》的第六章《中国特色社会主义道路研究的世界视阈与模式比较》。

　　本书亦是作者三年来博士求学期间学习与研究成果的总结和完善。本人求学期间恰逢党的十七大胜利召开，十七大提出了中国特色社会主义理论体系和中国特色社会主义道路。虽然在十七大报告中对中国特色社会主义道路的内涵给予了科学的界定，但关于中国特色社会主义道路的历史根源、发展轨迹、基本特征、与传统发展模式以及资本主义道路的区别等基本问题还需要理论界、学术界深入研究，并给予科学的回答。正是在这一背景下，我的导师郑德荣先生在多年学术研究成果的基础上，组织申报了2008年国家社科基金课题《中国特色社会主义道路基本问题研究》，而我有幸参与了课题立项申请的全部论证过程，并承担了第六章《中国特色社会主义道路研究的世界视阈与模式比较》的部分撰写工作。正是在这一学习、思考和研究过程之中，在导师的悉心指导下，逐步深化了对中国特色社会主义道路的认识和理解，有了自己的一些感悟和体会，也由此确定了自己博士期间的研究方向和博士毕业论文的主体内容。在博士论文的撰写过程中，得到了我的博士生导师郑德荣先生、硕士生导师吴敏先教授、东北师大政法学院的许多老师以及我所在单位的领导、朋友和亲人们的大力支持、帮助和鼓励。借此机会，对他（她）们表示我深深的谢意！

　　首先，要特别感谢我的博士生导师郑德荣先生。三年来，先生给了我无私的帮助与关怀，对我的学术研究、论文撰写给予了精心指导，倾注了大量心血，使我深为感动与难忘。初识先生，还是自己在政法学院攻读硕士研究生之时，那时先生对于我来说是"遥不可及，令人望而生畏"的大学问家。真正成为先生的学生时，才发现先生是那么的民主、宽容、平易近人。越是深入了解先生，越是敬仰先生。先生以他的言行深深影响和感染着他的每一位学生。这种影响和感染不仅来源于先生的学问，更来源于先生高尚的品格、坚强的毅力、严谨的治学态度，勇于创新的精神，特别是先生对学问孜孜不倦的执著追求。先生的精神永远是在这喧嚣的时代里反思、激励和鞭策自己的最好武器。今生能成为先生的学生是自己人生中最大的幸事和荣耀。

还要感谢东北师大政法学院所有的老师们。特别要感谢我的硕士生导师吴敏先教授。研究生毕业十几年来，老师一直关注着我的成长与发展，每每遇到难题与困惑，老师都是给予自己最有利帮助与支持的人。

还要感谢支持我完成博士学业的工作院校：吉林医药学院；感谢学院所有领导对我的关心和支持；感谢人文社科部主任冯泽明教授以及所有同仁对我的帮助和理解。

最后，我还要特别感谢我的亲人们，他们不仅给予我生活上的关心与支持，而且还给予我精神上的鼓励与慰藉，使我终能完成学业。

我想要表达谢意的人还有很多，但在有限的篇幅里，我无法一一提及你们的名字，但是你们对我的付出，我会永远铭记于心！

此书出版在即，稚嫩、粗陋仍在所难免，但这是属于我自己的东西。谨以此书献给一直以来关心我、爱护我、帮助我的人们！

姜淑兰

2010 年 12 月 26 日